運動継続の心理学

快適自己ペースとポジティブ感情

橋本公雄・斉藤篤司 [著]

福村出版

|JCOPY| 〈(社)出版者著作権管理機構 委託出版物〉
本書の無断複写は著作権法上での例外を除き禁じられています。複写される場合は、そのつど事前に、(社)出版者著作権管理機構（電話 03-3513-6969、FAX 03-3513-6979、e-mail: info@jcopy.or.jp）の許諾を得てください。

はじめに

　「継続は力なり」といわれるように，何ごとも継続することによってしか，自らの力になっていかないが，これがなかなか難しく，「三日坊主」に終わってしまうことも多い。運動の継続も同様であり，体育授業を通じて身体活動や運動・スポーツ活動の意義，心理・社会・身体的な効果を教えているにもかかわらず，日常生活のなかでそれらを実践している者は学年進行とともに減少し，社会人に至ってはさらに少なくなる。したがって，運動の意義や効果の理解は必ずしも継続化につながらない。運動の継続には心理的，身体的，社会的，環境的なさまざまな要因がかかわっているからである。運動の指導者は運動の効果を出すために適切な運動プログラムを提供し，実践を促している。しかし，運動指導者のもとで健康・体力づくり教室の実施期間中は継続できたとしても，教室終了後は多くの人が離脱してしまっているのが実態である。どのようにしたら，人は運動が継続できるのか。これは非常に難しい問題である。行動科学にもとづく行動変容技法が運動継続化に有効な方法の1つとして，さまざまな健康行動にも適用されつつあるが，まだまだ普及までの道のりは遠いかと思われる。

　人が自ら運動を継続して実施するには，動機づけ，とりもなおさず内発的動機づけを高めることが重要となる。つまり，運動者自身が運動すること自体に楽しみを見出し，運動することを目的化することが求められる。何かの報酬（目的）のために運動を行う（手段）といった外発的な動機づけだけでは継続は難しい。デシとライアン（Deci & Ryan）の自己決定理論にもとづけば，内発的動機づけを高めるには，自律性，有能性，関係性といった基本的な心理的欲求を充足することが内発的動機づけを高め，運動が継続的に遂行されることになる。よって，運動の効果以上に運動の継続化を促す心理的要因があるということになる。

　運動指導，あるいは運動実践の視点を変えてみよう。運動の効果はすぐには

現れなくても長期にわたって運動を遂行すれば，生体の適応の原理から健康状態や体力水準が向上することは明らかである。体力測定値として顕著な増加でなくても，主観的な体力感や健康感は高まるだろう。

現在，フィットネスクラブや健康・体力づくり教室では，受講者のニーズに応えるため効果的な運動処方や運動プログラムが提供されている。運動処方は運動の頻度，強度，時間，種類で組み立てられるが，この運動処方は医学の処方箋モデルであり，効果を出すためにはコンプライアンス（遵守すること）が前提となる。よって，運動の主体者である運動者の自律化や継続化に寄与する心理的側面は考慮されていない。この運動処方の要素に運動者の心理を導入する試み，これが本書の主眼とするところであり，実証的な研究データにもとづいた新たな運動処方論を提示したいと考えている。その方法の1つは運動強度を操作することであり，運動指導現場で行われている個々人の体力レベルに応じた運動強度ではなく，自己選択・自己決定型の主観的な運動強度を用いることを提案してみたいと考えている。

そこで，著者らはこの自己選択的・自己決定型の主観的な運動強度を「快適自己ペース（Comfortable Self-Established Pace：CSEP）」と称し，「快適自己ペース（CSEP）」による有酸素性運動（ランニングやウォーキング）を用いて，運動前・中・後のポジティブ感情の変化や運動強度を調べてきた。この「快適自己ペース（CSEP）」という発想は，運動者の視点から考えた主観的な運動強度である。健康・体力づくりのために，公園や道路を走っている人は一定のペース（スピード）を保って実践している。そのペースは他人から教わったものでもなく，自分自身の経験のなかから獲得したペースであり，それを採択しているわけである。そこで，運動者が自ら獲得し，採択しているこのペースこそが継続に役立ち，運動処方に役立つのではないかと考えたわけである。「快適自己ペース（CSEP）」を発想した頃は，運動の心理的効果として不安や抑うつなどのネガティブな感情の改善に関する研究が主流であった。しかし，ネガティブな感情が改善されたら運動をやめてしまうのではないかと考え，ポジティブ感情を扱うことにした。ポジティブな感情なら運動の継続化に役立つと

はじめに

思ったからであるが，21世紀に入り，ポジティブ心理学の運動がアメリカ心理学会で起こり，研究対象の1つであるポジティブ感情に目が向けられている。今となっては，そのときの着想に間違いなかったと思っている。

　本書はこれまでの研究成果を学術書として1冊の本にまとめたもので，運動にともなうポジティブ感情の最大化と運動の継続化を意図して「快適自己ペース（CSEP）」という自己選択型の主観的な運動強度の発想や研究結果を提示し，運動処方や運動プログラムづくりのパラダイム転換を図りたいと考えている。運動の継続化に関する「快適自己ペース（CSEP）」の実証的研究は不十分な部分もあるが，ご批判を頂ければ幸いである。

2015年3月

橋本公雄・斉藤篤司

目次

はじめに（3）

序章　運動心理学研究の概観 ――― 11
　1節　運動心理学研究の台頭……………………………………12
　2節　運動心理学における感情研究……………………………13
　3節　ポジティブ心理学の台頭と
　　　　運動にともなうポジティブ感情の研究………………16
　4節　主観的な運動強度を用いるポジティブ感情と運動継続………17

第1章　運動行動を説明・予測する理論・モデル ――― 23
　1節　運動行動に用いられる理論・モデル……………………24
　2節　合理的行為理論と計画的行動理論………………………26
　　1　モデルと構成概念（26）
　　2　運動行動への適用（28）
　3節　社会的認知理論……………………………………………30
　　1　モデルと構成概念（30）
　　2　運動行動への適用（32）
　4節　トランスセオレティカル・モデル………………………34
　　1　モデルと構成概念（34）
　　2　運動行動への適用（36）

目次

第2章　運動継続の介入法としての運動継続化の螺旋モデル―41
- 1節　運動継続化の螺旋モデルの構成概念……………………42
- 2節　運動継続化の螺旋モデルの有効性の検証………………46
- 3節　運動継続化の螺旋モデルにもとづく介入法……………50

第3章　運動のメンタルヘルス効果とメカニズム―53
- 1節　感情に対する運動の効果……………………………………54
  1. 不安（54）
  2. 抑うつ（56）
  3. ポジティブ感情（57）
  4. QOL（58）
  5. 今後の展開（60）
- 2節　運動にともなう感情変化のメカニズム……………………60
  1. 生物学的仮説（61）
  2. 心理学的仮説（62）

第4章　感情とメンタルヘルスの測定尺度―69
- 1節　感情尺度………………………………………………………70
  1. 運動心理学における感情研究（70）
  2. 運動心理学研究で用いられる感情尺度（73）
- 2節　メンタルヘルスパターン診断検査…………………………78
  1. ストレスのとらえ方（78）
  2. メンタルヘルスパターン診断検査の開発（79）

第5章　自己選択・自己決定された運動強度
──快適自己ペース── 87

1節　相対的運動強度と主観的な運動強度……………………88
1. 相対的運動強度（88）
2. 至適運動強度と感情の恩恵の関係（89）

2節　快適自己ペースとは………………………………………91
1. 快適自己ペース（CSEP）の発想（92）
2. 快適自己ペース（CSEP）の利点（94）
3. 快適自己ペース（CSEP）の設定法（95）

3節　快適自己ペース（CSEP）の理論的背景………………96
1. フロー理論（96）
2. 脳の覚醒水準とパフォーマンスの逆U字曲線仮説（98）
3. 自己決定理論（99）

第6章　快適自己ペースの運動強度 105

1節　運動強度と感情の関係……………………………………106
1. 運動強度と感情応答の量反応関係（106）
2. 自己選択強度の運動と感情の応答（108）

2節　至適運動強度の設定法としての快適自己ペース………109
1. 快適自己ペース（CSEP）と生理的閾値（109）
2. 快適自己ペース（CSEP）の運動強度と一貫性（112）
3. 至適運動強度としての快適自己ペース（CSEP）（115）

第7章　一過性運動にともなうポジティブ感情の変化 ── 121

1節　快適自己ペース走によるポジティブ感情の変化……………122
1. 運動前・中・後・回復期におけるポジティブ感情の変化過程（122）
2. 運動にともなう快感情の変化量への試行回数の影響（126）
3. 快適自己ペース走時の相対的運動強度の相違と感情の変化（127）

2節　快適自己ペース走による　　　　　　　　　　　　　　　　　ポジティブ感情の変化に及ぼす要因……………129
1. 短時間運動の走行距離の違いによる感情の変化（129）
2. ランニングの好き嫌いによる感情の変化（131）
3. 運動終了直前・直後のポジティブな感情の変化（133）

第8章　長時間運動にともなうポジティブ感情の変化 ── 137

1節　心理的側面へ及ぼす運動時間の影響……………138
1. 感情変化に及ぼす運動時間の影響（138）
2. 快適自己ペース（CSEP）の変更と感情状態（139）

2節　マラソンでの感情の変化……………141
1. マラソン時の運動強度と感情の変化（142）
2. マラソン時の感情の変化に対する性差の影響（144）

第9章　快適自己ペースと運動の継続 ── 151

1節　運動継続における快適自己ペース（CSEP）の有効性………152
1. ポジティブ感情の醸成の意味（152）
2. 運動によるポジティブ感情の獲得と好意的態度の形成（153）
3. 快適自己ペース（CSEP）を用いた運動の継続化への可能性（154）

2節　快適自己ペース（CSEP）の具体的適用……………………157
　1　学校体育における適用（158）
　2　健康づくり・体力づくり教室における適用（158）
　3　快適自己ペース走後の感想（160）
3節　快適自己ペース（CSEP）を用いた研究の課題………………161
　1　運動にともなうポジティブ感情の変化に関する
　　　メカニズムの再検討（162）
　2　運動にともなうポジティブ感情の運動継続化への検討（162）
　3　快適自己ペース（CSEP）を用いた運動処方の効果の検討（163）

あとがき（165）

索引（166）

序章

運動心理学研究の概観

1節 ◆ 運動心理学研究の台頭

　これまで「生涯スポーツ」「競技スポーツ」「レクリエーションスポーツ」という用語はあっても，「健康スポーツ」という用語はなかった。しかし，『健康スポーツの心理学』（竹中，1998a）という著書では，「健康スポーツ」という用語が「生涯スポーツ」とは異なった観点から用いられている。この書のなかで，健康づくりや楽しみを優先させたスポーツ全般を意味する「生涯スポーツ」と，試合でよい成績をあげることを目的とする「競技スポーツ」という用語に関し，区別の仕方の矛盾性が指摘されている。たとえば，ランニングやニュースポーツのような健康，楽しみを目的として行う生涯スポーツ種目であっても，運動者によっては競技スポーツの範疇に入ることもあるというのである。生涯スポーツのようにライフサイクルという時間軸やスポーツ種目を考える必要もなく，一部に競技的要素も含む「健康スポーツ」という用語を用い，健康スポーツを「人生に楽しみや生きがいを求めたり，緊張の解放や健康づくりを主とする身体活動やスポーツ活動」と定義し，健康スポーツの心理学を論じている。

　ここでいう健康スポーツの心理学とは，欧米で発展してきた"Exercise Psychology"をさしている。"Exercise Psychology"とは，運動参加者の心理的過程と行動を研究する学問であり（Willis & Campbell, 1992），身体活動や運動の採択・継続にかかわる要因と理論・モデルや運動の心理的・身体的効果に関する研究を行う学問領域である。このなかには，行動変容や身体活動・運動の増強に関する介入研究も含まれる。具体的な内容としては，①体力とメンタルヘルス，②ボディイメージ／自尊感情，③ストレス反応，④疲労／努力，⑤動機づけ，⑥運動パフォーマンスと代謝反応，⑦睡眠，⑧認知，⑨企業／職場環境，⑩運動アディクションなど多岐にわたる（Rejeski & Thompson, 1993）が，いずれも健康や体力づくりにかかわるもので，スポーツ競技におけるパフォーマンス発揮にかかわるスポーツ心理学的な内容とは一線を画する。

　欧米で刊行されているスポーツ心理学関連の著書のなかで，"Sport Psychology"

とは別に，"Exercise Psychology" あるいは "Sport and Exercise Psychology" という表題が1990年代から多くみられるようになった（Biddle, 1995；Duda, 1998；Raalte, Britton & Brewer, 1999；Seraganian, 1993；Willis & Campbell, 1992）。これらの本のなかに書かれている "Exercise Psychology" の内容は，運動の心理的側面（緊張，不安，抑うつ，気分，ウェルビーイング，ストレス，自尊感情，自己概念など）への効果，メンタルヘルスの予防と治療における運動処方，運動行動の採択と継続にかかわる心理的要因などに関するものである。その他，『セラピーとしてのランニング』（Sachs & Buffone, 1984），『運動とメンタルヘルス』（Morgan & Goldston, 1987a），『運動とメンタルヘルスの基礎』（Leith, 1994），『身体活動とメンタルヘルス』（Morgan, 1997），さらには『身体活動の健康心理学』（Biddle & Mutlie, 2001〔竹中・橋本監修〕）なども，表題にこそ "Exercise Psychology" は用いられていないが，内容は類似したものである。

2節 ◆ 運動心理学における感情研究

さて，この "Exercise Psychology" という用語は，北米スポーツ心理学会の機関誌である『Journal of Sport Psychology（JSP）』が，1988年に『Journal of Sport and Exercise Psychology（JSEP）』に名称変更されたときから用いられるようになった。JSPからJSEPへの名称変更の背景には，スポーツ心理学者間でスポーツ選手の競技力向上に関する関心とは別に，健康，体力，ウェルネスなどの向上と，病気への予防やリハビリテーションのための運動プログラム，あるいは運動の心理的・社会的恩恵などに関する関心の増加があったようである（Gill, 1986）。

このように，"Exercise Psychology" の名称の使用に関しては，欧米ではすでに長い歴史がある。この研究対象はメンタルヘルスに関する内容に限ったものではないが，身体活動や運動が不安，抑うつ，気分といった心理的変数にどのような影響を及ぼすかを検討した研究は非常に多い。そこでここでは，運動

にともなう感情変化に関する研究に焦点を当て，歴史を振り返ることにする。

ところで，これまで "Exercise Psychology" と英語表記のまま使用してきたが，それには理由がある。この "Exercise Psychology" を邦訳すれば「運動心理学」となるが，わが国では長年運動学習の研究領域において「運動心理学」という用語を用いてきた経緯があり，混乱をきたす。したがって，「健康運動心理学」と訳すれば混乱を避けてよいかもしれない。しかし，本書の表題を『運動継続の心理学』としているので，用語をそろえるために「運動心理学」と訳し，用いることにする。また，身体活動と運動についてもそれぞれ定義（Caspersen, Powell & Christenson, 1985）は異なり[1]，身体活動は運動を包含する概念である。欧米ではこれらの用語は使い分けがなされ，近年では運動よりむしろ身体活動のほうが頻繁に使われる傾向にある。しかし，わが国ではこれらの用語はあまり区別をして用いていないし，一般的に運動としたほうがわかりやすい。よって，本書では，表題に合わせて主に「運動」という用語を用いることにする。

北米における運動心理学に関する感情研究は，19世紀の終わりから20世紀のはじめに遡るといわれる（Rejeski & Thompson, 1993；Brewer & Raalte, 1996）が，本格的な研究が始まったのは1960年代頃からである。運動のメンタルヘルス効果に限ってみると，たとえば医者の緊張軽減に対する運動効果への信念と運動の実施状況を調べた研究（Byrd, 1963）や心筋梗塞患者に運動プログラムを実施し，ポジティブな気分や望ましいパーソナリティの変化を調べた介入研究（McPherson, Paivio, Yuhasz, Rechnitzer, Pickard & Lefcoe, 1967）などがある。このように初期の研究では健常者というよりは，むしろ内科的疾患者や精神障害者を対象にした気分や感情への運動の効果が調べられ，非薬物療法・運動療法という視点で研究が始まっている。1970年代には，精神的疾患者への運動のメンタルヘルス効果の調査研究をはじめ，実験室でのコントロールされた環境での運動にともなう感情変化の研究が精力的に行われている。1980年代に入り，この種の研究は飛躍的に増加し，不安や抑うつの改善を説明するメカニズムの検討も行われ始めた。1990年代になると，不

安（Petruzzello, Landers, Hatfield, Kubitz & Salazar, 1991），抑うつ（North, McCullagh & Tran, 1990），気分（LaFontaine, DiLorenzo, Frensch, Stucky-Ropp, Bargman & MacDonald, 1992），ウェルビーイング（Scully, Kremer, Mead, Graham & Dudgen, 1998），認知機能（Etnier, Salazar, Landers, Petruzzello, Han & Nowell, 1997）などに関する先行研究のレビュー，とくにメタ分析[2]を用いたレビュー論文なども数多く著され，先行研究における成果，方法論的課題，将来の研究への展望などが論じられている。このように，20世紀後半はとくに運動にともなう不安や抑うつを中心としたネガティブ感情への効果を調べる研究が主流であったが，21世紀に入るとポジティブ感情に関する研究にも関心が向けられ，運動の継続も語られるようになった。

一方，わが国においても，古くは北米における初期の研究と時同じくして，非行少年・少女や精神病患者を対象にした運動療法に関する研究があり，種々の精神的障害や心理的問題をかかえる対象者へのプレイセラピーとしての効用性が述べられている（藤本・徳永・伊藤・岡部・南・宮元・秋吉，1963）。また，岡村（1977）が一般学生を対象として不安感情に及ぼす身体活動の軽減効果に関する研究を行い，松田（1985）が「運動の精神的効果」について総説として紹介しているが，1990年代半ばまでは顕著な運動心理学研究の進展はみられない。そして，スポーツ心理学の領域においても競技力向上にかかわる心理的問題やメンタルトレーニングに関心をもつ研究者がいる一方で，健康や健康行動に関心をもつ研究者が増えていった。この陰には，1990年代に入り種々の学会で「運動の心理的効果」に関するシンポジウムやキーノートレクチャーなどが何度か企画され，この種の研究の促進・啓蒙が図られたことも影響していると思われる。ようやくわが国においても，運動心理学に関する研究が1990年代半ば頃から本格的に始まったといえる。竹中（1998b）は欧米の運動心理学研究の内容を概観しつつ，わが国における運動心理学研究の必要性と将来の研究の方向性を述べ，橋本（2000）は運動心理学研究のなかでも運動にともなう感情変化に関して研究をレビューし，後述する快適自己ペース（CSEP）を用いた新たな運動処方論を展開するなど，運動心理学研究の推進が図られて

いる。しかし，運動にともなう感情研究に限ってみると，スポーツ心理学のなかではこの20年間欧米のように不安や抑うつといったネガティブ感情の改善効果に関する研究はきわめて少ない。この理由は定かではないが，すでに欧米でこの種の研究がかなり進んでいたことと，不安や抑うつ尺度以外にわが国でも運動に特化した感情尺度（荒井・松本・竹中，2004；橋本・徳永，1995；1996；橋本・村上，2011）が開発されてきたことなども影響していると推察される。

3節 ◆ ポジティブ心理学の台頭と運動にともなう ポジティブ感情の研究

21世紀に入って北米でポジティブ心理学の運動が台頭した。1998年アメリカ心理学会の会長となったセリグマン（Seligman, M.E.P.）が会長講演のなかでポジティブ心理学の研究の必要性を主張したことが契機となっている。20世紀後半の心理学が「癒し」に関する心理学に陥っていたことの反省のうえに立って，ポジティブ心理学の促進を呼びかけたのである（島井，2006）。このポジティブ心理学における研究対象はポジティブな特性，ポジティブな制度，そしてポジティブな主観的経験の3つに集約される（島井，2006；ピーターソン，2006）。ポジティブな特性とは人間の強みとしての徳性，才能，興味，価値観などを意味し，ポジティブな制度とは「ポジティブな要素を促進するよい制度」のことであり，家族，学校，職場共同体，社会としている。また，ポジティブな主観的経験はポジティブ感情のことであり，幸福感，快感，満足感，充実感などがあげられている（ピーターソン，2006）。

わが国でも，このポジティブ心理学の影響を受け，心理学の学問領域においてもポジティブ感情に関心が向けられ，ポジティブ感情の役割と機能として，情報処理過程，ストレスコーピング，対人関係，身体と健康などへの恩恵が指摘されている（山崎，2006）。一方，北米の運動心理学の領域でも，近年，リードとワンズ（Reed & Ones, 2006）やリードとバック（Reed & Buck,

2009）が長期的運動や短期的運動にともなうポジティブ感情の研究をレビューしている。これらのレビュー論文は明らかにポジティブ心理学の台頭と関連している。

4節 ◆ 主観的な運動強度を用いる
　　　ポジティブ感情と運動継続

　運動後の感情は運動強度に規定され，高い運動強度や過剰な運動量では健康状態の低下とともに，抑うつ，怒り，疲労，気分障害を引き起こす（Morgan, Costill, Flynn, Raglin & Oconnor, 1988）ので，どのような運動強度でもポジティブな感情が生起するとは限らない。これまでの運動にともなう感情変化に関する実験研究をみると，その際の運動強度の設定法は自己選択や主観的（自覚的）運動強度（Ratings of Perceived Exertion：RPE）（Borg, 1974）も用いられているが，運動生理学の運動処方に準拠した，最大酸素摂取量（$\dot{V}O_2$max）や最高心拍数（HRmax）の相対値を用いた相対的運動強度（%$\dot{V}O_2$max や %HRmax）を採用している研究が多い。しかし，この相対的運動強度では運動にともなう高いポジティブな感情を得るための至適運動強度を探るのは難しいと思われ，主観的な運動強度を用いることが重要と考えられる。しかし，これまでのところ，このような主観的な運動強度を用いても，運動中および運動終了後に高いポジティブな感情を生起させる至適運動強度は明らかにされていない。

　運動にともなうポジティブ感情への影響が注目されるようになって，研究の視点が運動の効果もさることながら運動の継続化も語られるようになった。運動にともなうネガティブな感情の減少は運動の継続に関係するとは限らないが，ポジティブな感情の増加は運動に対する好意的態度の形成につながり，運動の継続に関連すると考えられる。よって，運動にともなう感情変化をみるとき，ポジティブ感情を扱う意味は大きいといえ，運動の継続を考えた場合，運動にともなうポジティブ感情の増加を最大化するための至適運動強度を考える

ことは，きわめて重要なことである。運動を用いた感情研究では，ランニング，ジョギング，ウォーキング，サイクリングなどの単一の運動様式が用いられ，運動強度が操作される。

しかし，著者らは運動者の目線に立ち，経験によって獲得されたペースに着目した。自主的・自発的に運動を継続している人は，運動中や運動終了後にポジティブな感情を得ていると思われるが，彼らが採用しているペースは一定であり，不快感をともなわない強度となっていることが推測される。この運動を継続して実践している人が獲得しているペースに着目すれば，運動の継続化にも役立つし，すぐに応用が可能となると考えた。つまり，運動の継続化を促すためには，運動後にポジティブな感情を増加する必要があり，そのために運動継続者が自己選択している運動強度に着目するという，これまでの運動科学の視点（運動の効果に焦点化されていること）とは異なる現場の目線でのアプローチを採択し，研究における発想の転換を図ったわけである．

この運動者が獲得しているペースを「快適自己ペース（Comfortable Self-established Pace：CSEP）」と称し，運動にともなうポジティブな感情の変化を調べることは意義があると思われ，運動の継続化を促すことを意図しての提唱である。運動の身体的効果に焦点を当て設定される相対的運動強度（％$\dot{V}O_2$max や％HRmax など）には，運動者の心理や運動の継続化の視点はない。それゆえ，快適自己ペース（CSEP）という運動強度は，この相対的運動強度の考え方とは根本的に異なるものである。このことは，これまでの運動効果を求める運動処方のあり方にも一石を投じることになり，運動にともなうポジティブ感情の醸成と運動継続化をめざした新たな運動処方の確立をめざすことになるであろう。

文献

荒井弘和・松本裕史・竹中晃二（2004）Waseda Affect Scale of Exercise and Durable Activity（WASEDA）における構成概念妥当性および因子妥当性の検討　体育測定評価研究，4: 7-11.

Biddle, S.J.H. (Ed.) (1995) European perspectives on exercise and sport psychology. Human Kinetics, Champaign IL.

Biddle, S.J.H. & Mutlie, N. (Eds.) (2001) Psychology of phtsical activity: Determinants, well-being, and intervention. Routledge, NY. (竹中晃二・橋本公雄（監訳）(2005) 身体活動の健康心理学――決定因・安寧・介入 大修館書店）

Borg, G. (1974) Perceived exertion: A note on history and method. *Medicine and Science in Sports*, 5: 90-93.

Brewer, B.W. & Raalte, J.L.V. (1996) Introduction to sport and exercise psychology. In Raalte, J.L.V. & Brewer, B.W. (Eds.) (1996) Exploring sport and exercise psychology. American Psychology Association.

Byrd, O.E. (1963) The relief of tension by exercise: A survey of medical viewpoints and practicies. *The Journal of School Health*, 33: 238-239.

Caspersen, C.J., Powell, K.E. & Christenson, G.M. (1985) Physical activity, exercise and physical fitness: Definitions and distinctions for health-related research. *Public Health Reports*, 100: 126-131.

Duda, J.L. (Ed.) (1998) Advances in sport and exercise psychology measurement. Fitness Information Technology, Inc., Morgantown, WV.

Etnier, J.L., Salazar, W., Landers, D.M., Petruzzello, S.J., Han, M. & Nowell, P. (1997) The influence of physical fitness and exercise upon cognitive functioning: A meta-analysis. *Journal of Sport and Exercise Psychology*, 19: 249-277.

橋本公雄・徳永幹雄（1995）感情の3次元構造論に基づく身体運動特有の感情尺度の作成――MCL-3の信頼性と妥当性 健康科学, 17: 43-50.

橋本公雄・徳永幹雄（1996）運動中の感情状態を測定する尺度（短縮版）作成の試み――MCL-S.1尺度の信頼性と妥当性 健康科学, 18: 109-114.

橋本公雄（2000）運動心理学の課題――メンタルヘルス改善のための運動処方の確立を目指して スポーツ心理学, 27（1）: 50-61.

橋本公雄・村上雅彦（2011）運動に伴う改訂版ポジティブ感情尺度（MCL-S.2）の信頼性と妥当性 健康科学, 3: 21-26.

藤本実雄・徳永幹雄・伊藤　篤・岡部弘道・南　春代・宮元久雄・秋吉義範（1963）精神病患者に対する運動療法についての実験報告（第1報） 九州大学体育学研究, 3(1): 6-15.

Gill, D.L. (1986) A prospective view of the Journal of Sport (and Exercise) Psychology. *Journal of Sport Psychology*, 8: 164-173.

LaFontaine, T.P., DiLorenzo, T.M., Frensch, P.A., Stucky-Ropp, R.C., Bargman, E.P. & MacDonald, D.G. (1992) Aerobic exercise and mood: A brief review. *Sports*

Medicine, 13 (3): 160-170.
Leith (Ed.) (1994) Foundations of exercise and mental health. Fitness Information Technology, Inc., Morgantown, WV.
MacNaire, D.M., Lorr, N. & Dlopleman, L.F. (1971) Manual for profile of mood states. San Diego, CA: Educational and Industial Testing Service.
松田岩男 (1985) 運動の精神的効果　体育の科学, 35: 736-741.
McPherson, B.D., Paivio, A., Yuhasz, M.S., Rechnitzer, P.A. Pickard, H.A. & Lefcoe, N.M. (1967) Psychological effects of an exercise program for post-infarct and normal adult men. *Journal of Sport medicine and Physical Fitness*, 17: 95-102.
Morgan, W.P. & Goldston, S.E. (Eds.) (1987) Exercise and mental health. Hemisphere Publishing Corporation, Washington DC.
Morgan, W.M., Costill, D.L., Flynn, M.G., Raglin, J.S. & Oconnor, P.J. (1988) Mood disturbance following increased training in swimmers. *Medicine and Science in Sport Exercdise*, 20: 408-414.
Morgan, W.P. (Ed.) (1997) Physical activity and mental health. Taylor & Francis, Washington DC.
North, T.C., McCullagh, P. & Tran, Z.V. (1990) Effect of exercise on depression. *Exercise Sport Science Review*, 18:379-415.
岡村豊太郎 (1977) 感情変容に及ぼす身体活動の効果――トレーニング運動が, 不安感情の軽減に及ぼす効果　山口県体育学研究, 21: 22-31.
ピーターソン, C. (著)　宇野カオリ (訳) (2010) ポジティブ・サイコロジー――より良い生き方を科学的に考える方法　春秋社 (Peterson, C. (2006) A primer in positive psychology. Oxford University Press, OX.)
Petruzzello, S.J., Landers, D.M., Hatfield, B.D., Kubitz, K.A. & Salazar, W. (1991) A meta-analysis on the anxiety-reducing effects of acute and chronic exercise. *Sport Medicine*, 11 (3): 143-182.
Raalte J.L.V., Britton, W. & Brewer, B.W. (Eds.) (1999) Exploring sport and exercise psychology. American Psychology Association.
Reed, J. & Ones, D. (2006) The effect of acute aerobic exercise on positive-activated affect: A meta-nanalysis. *Psychology of Sport and Exercise*, 7: 477-514.
Reed, J. & Buck, S. (2009) The effect of regular aerobic exercise on positive-activated affect: A meta-nanalysis. *Psychology of Sport and Exercise*, 10: 581-594.
Rejeski, W.J. & Thompson, A. (1993) Historical & conceptual roots of exercise psychology. In P. Seraganian (Ed.), Exercise Psychology: The influence of physical exercise on psychological processes (p.5.) John Wiley & Sons, Inc., Canada.

Saches, M.L. & Buffone, G.W. (Eds.) (1984) Running as therapy: An integrated approach. University of Nebraska Press, Lincoln & London.

Scully, D., Kremer, J., Mead, M.M., Graham, R. & Dudgen, K. (1998) Physical exercise and psychological well being: A critical review. *British Journal of Sports Medicine*, 32: 111-120.

Seraganian, P. (Ed.) (1993) Exercise Psychology: The influence of physical exercise on psychological processes. John Wiley & Sons, Inc., Canada.

島井哲志（2006）ポジティブ心理学――21世紀の心理学の可能性　ナカニシヤ出版

竹中晃二（編）（1998a）健康スポーツの心理学　大修館書店.

竹中晃二（1998b）運動心理学――その内容とわが国における将来的研究課題　スポーツ心理学研究, 25 (1) : 21-37.

Willis, J.D. & Campbell L.F. (Eds.) (1992) Exercise psychology. Human Kinetics, Champaign IL.

山崎勝之（2006）ポジティブ感情の役割――その現象と機序　パーソナリティ研究, 14 (3) : 305-321.

注

1) 身体活動は「骨格筋によって生み出されエネルギーを消費するあらゆる身体の動き」、運動は「1つまたはそれ以上の体力要素の維持・増進を目的とするという意味において、計画的、組織的、反復的、意図的な身体活動」と定義される（Casperson, 1985）。

2) 過去の研究を系統的・批判的に検討し、量的・統計的に統合する方法。

第1章

運動行動を説明・予測する理論・モデル

私たちの身体活動・運動を含む社会的な行動には，生物学的要因，物理的環境要因，心理的要因，社会的・文化的要因，行動特性要因などさまざまな要因が関与している（Trost, Owen, Bauman, Sallis & Brown, 2002）。これらの要因のなかから主な要因を抽出して種々の行動を説明し，予測する理論・モデルが提示されている。運動行動の説明や予測には，合理的行為理論，計画的行動理論，社会的認知理論，トランスセオレティカル・モデルがよく用いられている。本章では，これらの理論・モデルと行動の変容を促す行動変容技法について解説することにする。

1節 ◆ 運動行動に用いられる理論・モデル

　NHKの健康に関する世論調査によると，「生活で大切なこと」の7つの選択肢のなかで「健康」は第1位（71%）にあげられ，他の選択肢（50%未満）に比べに高く，また「健康に気をつけている（いつも＋ときどき）」者は80%に達することが報告されている（山田・酒井，2009）。このように，国民の健康意識は非常に高い。一方，運動・スポーツの実施率をみると，「過去1年間にまったく運動・スポーツを実施しなかった者（レベル0）」は25.6%であり，「週2回以上，1回30分以上，運動強度「ややきつい」以上（レベル4，アクティブスポーツ人口）」は20.0%に過ぎず，健康や体力の維持・増進のために運動やスポーツ活動などを行っている者は多いとはいえない（笹川スポーツ財団，2012）。

　また，人々のニーズに応えるために，市町村や民間企業では，健康・体力づくりのためのさまざまなプログラムを提供している。しかし，市民の人口比を考えると，運動プログラムへの参加率はきわめて低く，また参加したとしても，45～50%が3～6カ月以内にドロップアウトしているとの報告がある（Dishman, 1988）。筆者（橋本，2001）も，社会人を対象としたC市における健康づくり教室への参加率の推移を約8カ月間（26週間）にわたって調べてみた。図1-1に示すように，参加は，激減期（1カ月以内），漸減期（2～5カ

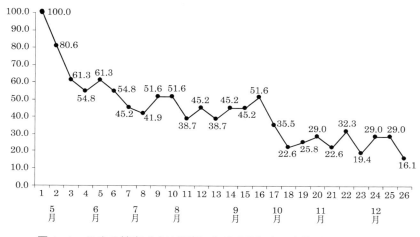

図1-1 C市の健康づくり教室における参加率の変化（橋本，2001）

月），安定期（6カ月以降）の3段階を経て減少し，6カ月以降ではわずか2～3割弱の者しか継続していなかった。いい運動指導者がいて，魅力的なプログラムが提供されても，個々人のさまざまな理由から継続ができていないのである。このような運動プログラムへの参加率の低下は一般的な傾向であり，いかに継続が難しいかがわかる。

　人はなぜ身体活動・運動・スポーツをするのか，それを理解するうえで社会心理学の分野で構築されている理論やモデルが役に立つ。ビドゥルとニッグ（Biddle & Nigg, 2000）は，運動行動に用いられる理論・モデルを理解しやすくするために，態度─信念理論，有能感理論，統制理論，意思決定理論の4つのカテゴリーに分類している（図1-2）。なかでも，フィッシュバインとエイゼン（Fishbein & Ajzen, 1975）の合理的行為理論（Theory of Reasoned Action：TRA），エイゼン（Ajzen, 1985）の計画的行動理論（Theory of Planned Behavior：TPB），バンデューラ（Bandura, 1977）の社会的認知理論（Social Cognitive Theory：SCT），プロチャスカとディクレメンテ（Prochaska & DiClemente, 1983）のトランスセオレティカル・モデル（Transtheoretical

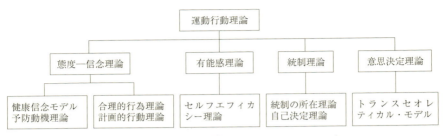

図1-2　運動行動理論 (Biddle & Nigg, 2000)

Model：TTM) などは運動行動を説明する際，よく用いられている。そこで，これらの理論・モデルを説明することにする。

2節 ◆ 合理的行為理論と計画的行動理論

1　モデルと構成概念

　社会心理学では，「態度」という概念を用いてさまざまな社会的行動を説明してきた。態度は，対象（刺激）と行動（反応）間の媒介変数であり，感情的・認知的・行動的の3つの成分（多次元構造）からなっている（Rosenberg & Hovland, 1960)。また，態度は一貫性があるが，変容もするので，行動変容を促すために態度形成や態度変容の研究が行われてきた。しかし，これらの態度研究では，態度と行動の非一貫性（ズレ）が指摘され，態度の規定，状況要因，測定法の問題など，さまざまな要因が論議されてきた（田中, 1977)。この態度と行動の非一貫性の問題を解決するために，画期的な理論として提示されたのが，フィッシュバインとエイゼン（Fishbein & Ajzen, 1975)の合理的行為理論（Theory of Reasoned Action：TRA）であり，それを拡張させたエイゼン（Ajzen, 1985)の計画的行動理論（Theory of Planned Behavior：TPB）である（図1-3)。

　フィッシュバインとエイゼン（Fishbein & Ajzen, 1975)は，社会心理学の分野における態度研究のなかで，態度概念を再規定し，行動意図や主観的規範などの新しい概念を導入し，合理的行為理論（TRA）を提唱した（図1-3, TRA)。

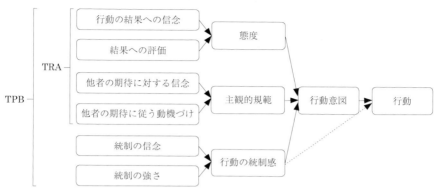

図 1-3 合理的行為理論（TRA）と計画的行動理論（TPB）

この理論では，行動を直接予測するのではなく，行動を実行しようとする意図，つまり行動意図を予測し，行動意図と行動間の相関が高いときにモデルは成立することになる。この行動意図は 2 つの要因，つまり「行動に対する態度」と「主観的規範」によって規定され，態度はある特定の行動に対する評価ないし感情の一次元構造として再規定される。この態度は，下位概念の「行動の結果への信念」と「結果への評価」によって予測される。また，「主観的規範」は行動を遂行すべきかどうかに対する社会的プレッシャーであり，行動の遂行に対する「重要な他者の期待に対する信念」と「重要な他者の期待に従おうとする動機づけ」によって予測される。

この合理的行為理論（TRA）は運動行動における行動意図を予測あるいは説明する理論としてその有効性が証明されている。しかしその一方で，すべての行動あるいは行動意図を説明しうるとはいいきれない側面がある。この点に関し，エイゼンとマデン（Ajzen & Madden, 1986）は，合理的行為理論（TRA）には，①行動意図で行動を予測するためには，測定において両者が同程度に特化しなければならないこと，②行動意図を測定してから行動を測定するまでの間に，行動意図が変化してはならない。したがって，両者の測定の間隔をできるだけ短くする必要があること，そして，③対象となる行動が意志の統制下で

なければならないこと，という3つの問題が残されていることを指摘している。

合理的行為理論は意図的な行動については適合するが，実際の行動はむしろ行動するために適切な機会や資源があるかどうかにかかわっており，個人の行動意図だけで決まるものではない。そこで，エイゼン（Ajzen, 1985）は意志のもとにない行動をも説明し，予測するために，「行動の統制感」という予測因を追加して計画的行動理論（TPB）へと発展させた（図1-3，TPB）。この行動の統制感は，当初は後述するバンデューラ（Bandura）のセルフエフィカシーとしていたが，のちに行動の遂行に対する容易さと困難さについての信念へと概念を変更し，行動に対して直接的な影響と行動意図を介した間接的な影響をもたらすとされている。

2 運動行動への適用

リドル（Riddle, 1980）は成人男女を対象にランニングを用いた運動行動への合理的行為理論（当時は行動意図予測モデルと称していた）の適用を試みた。その結果，行動意図と行動との間に高い相関（r= .82, p< .01）を見出し，行動意図が行動の決定因であることを明らかにした。また，態度と主観的規範は行動意図に対し有意な規定力を有し，双方の予測因で行動意図の分散の55.1％を説明し，合理的行為理論（TRA）の有効性を示した。徳永・金崎・多々納・橋本（1980）もリドル（Riddle, 1980）と同様の研究手法を用い，成人男女を対象にランニングを用いて合理的行為理論（TRA）の検証を試みた結果，行動意図と行動の間にきわめて高い相関が認められた（r= .90, p< .01）。また，態度と主観的規範による行動意図の説明力は37.8％を示し，リドル（Riddle, 1980）の研究に比し説明力は低いが，合理的行為理論（TRA）が有効であることを検証している。

この合理的行為理論（TRA）と行動の統制感を追加する計画的行動理論（TPB）における行動意図や行動の予測力を比較検討した研究では，計画的行動理論（TPB）のほうが優れていることが多くの研究で明らかにされている

(Armitage & Conner, 2001 ; Hausenblas, Carron & Mack, 1997)。ハウゼンブラス，キャロン，マック (Hausenblas, Carron & Mack, 1997) は，運動行動における合理的行為理論 (TRA) と計画的行動理論 (TPB) を適用した先行研究の結果に関し，メタ分析を用いて調べた。その結果，行動意図と行動，態度と行動意図，態度と運動行動，行動の統制感と行動意図，行動の統制感と運動行動，それぞれの間の効果量 (Effect Size)[1]は大きかった。主観的規範と行動意図間の効果量は中等度であり，主観的規範と行動間の効果量は非常に小さかったことを報告している。そして，運動行動を予測・説明するのに，計画的行動理論 (TPB) のほうが合理的行為理論 (TRA) より優れていることを指摘している。また，アーミテージとコナー (Armitage & Conner, 2001) は1997年までに刊行された185の計画的行動理論 (TPB) 研究についてメタ分析を用いて調べた結果，TPBの態度，主観的規範，行動の統制感の3つの構成概念で，行動と行動意図の分散をそれぞれ27％，39％説明し，これらの変数は行動意図と行動の予測因として有効であるとしている。また，構成概念の行動の統制感は行動意図の有効な予測因であり，合理的行為理論 (TRA) の変数とは異なる変数であるとも述べている。行動に関しては内省報告の測定のほうが客観的あるいは観察的な測定結果を用いたときより説明力が高いこと，主観的規範の予測力が行動意図に対し低いことなどを指摘しつつ，計画的行動理論 (TPB) は前向きにとらえることができると結論している。

　また，行動意図と行動，態度，行動の統制感は一貫して強い関係が示されているが，主観的規範は中等度もしくは関係がみられない場合もある。さらに，行動意図に対して，態度は主観的規範の約2倍の影響力を有することも明らかにされている (Hausenblas et al., 1997)。しかし，日本人の行動は他者との関係性のなかで生じているので，この主観的規範に関しては，日本人を対象とすれば，態度よりむしろ主観的規範のほうが行動意図に影響しているかもしれない。橋本 (2004) は主観的規範を日米の学生間で比較した結果，「私は通常親友が私にしてもらいたいと思うことに応えたい」という「他者の期待に従う動機づけ」が，日本人の6割弱が肯定的であるのに対し，米国人の6割が否

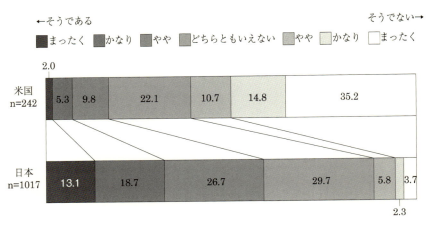

図1-4 他者の期待に従う動機づけの日米比較（橋本，2004）

定的であることを明らかにし，日米間に大きな相違があることを指摘している（図1-4）。

また，小松（2011）は高齢者98名を対象にボランティア行動に計画的行動理論を適用したところ，態度，主観的規範，行動の統制感で行動意図を50.5％と説明したが，態度の有意な規定力はみられず，主観的規範と行動の統制感が有意な予測因であったことを明らかにしている。日本人の主観的規範は欧米人とは異なり，行動意図に深くかかわっており，合理的行為理論や計画的行動理論は日本人の行動をよく説明できると思われる。

3節 ◆ 社会的認知理論

1 モデルと構成概念

社会的認知理論（Social Cognitive Theory）は，バンデューラ（Bandura, 1977；1986）が学習理論を発展させて提唱したもので，当初，社会的学習理論と称していた。人々の社会的行動を人（個人内要因），環境，行動（行動の特性）の相互関係のなかでとらえようとするものである。たとえば，私たちが何らか

の行動を採択したり，継続するとき，その行動に対する認知・感情・欲求などの個人内の要因や，対象となる行動の特性との関係だけで成立するのではなく，人的環境や物理的環境の影響もあるわけで，行動の生起を人，行動，環境という三者関係でみていくということである。また，人が行動を採択して継続するまでのプロセスにおける重要な変数として，図1-5に示すように，効力予期（セルフエフィカシー）と結果予期が構成概念として用いられている。

セルフエフィカシーは社会的認知理論のなかでも中心的な概念であり，「ある特定の行動を成功裡に遂行することへの確信度」と定義される。たしかにできるという自信がなければ人はその行動をやらないし，やりたくないものである。結果予期とは「ある特定の行動をした後に生じる結果や効果の可能性に対する見積もり」をさす（Bundura, 1997；竹中, 2002a；竹中・上地, 2002b）。この結果予期は価値―期待理論の流れを汲むものであり，計画的行動理論の態度（結果の信念）や後に説明するトランスセオレティカル・モデルの意思決定のバランス（恩恵と負担）とも類似した概念である。名称や概念の違いはあるが，これらは行動の結果に対する期待としてみなされる（Williams, Anderson & Winett, 2005）。

よって，人が行動を行うのは，その行動を遂行することができるというセルフエフィカシーと，よい結果が得られるという見積もりによるものであり，両者の予期が高いときに行動が遂行されることになる。バンデューラ（Bandura, 1977）の社会的認知理論では，この2つの予期は異なったものとしているが，身体活動・運動領域では双方とも自信の概念として扱われ，区別して用いられることは少ない。

図1-5　効力予期（セルフエフィカシー）と結果予期（Bandura, 1977）

また，社会的認知理論では行動を改善・継続させるために，セルフエフィカシー，モデリング，セルフコントロールなどの概念があり，さまざまな行動変容技法が提示されている。セルフエフィカシーを高める方法としては，「行動の遂行達成」「代理的体験（モデリング）」「言語的・社会的説得」「生理的・情動的喚起」の4つの資源がある（Bundura, 1997；竹中, 2002a；竹中・上地, 2002b）。「遂行行動の達成」とは，成功と失敗からなる個人の経験にもとづくもので，成功体験や達成体験はセルフエフィカシーの資源のなかでももっとも強い効力をもつとされる。「代理的体験（モデリング）」は他者の成功や失敗，あるいは行動を観察する体験のことであり，自分と同じような他者がある行動をうまく遂行しているのをみれば，自分にもできるかもしれないというエフィカシーが高まる。「言語的・社会的説得」は他者からの言葉による説得であり，セルフエフィカシーに影響するが，前述の2つと比べると弱い資源といわれる。「生理的・情動的喚起」は体内からのフィードバック情報のことであり，行動を遂行した後のポジティブな感情の増加や不快な生理反応の消失はエフィカシーを高める。

　モデリングとはすでに代理体験で述べたが，模倣のことであり，人は他者の行動を観察して行動が獲得される。つまり，他者がある行動をしたときの成功・失敗や賞罰をみながら，人はどのような行動をとるべきかを学習するのである。グループワークで他者の成功体験を話し合うなどは1つの行動変容技法となるであろう。

　セルフコントロールとは自分自身で行動を統制することであり，行動変容を促すために，目標設定やセルフモニタリングノート（行動の記録表）の活用などの行動変容技法が用いられる。

2　運動行動への適用

　社会的認知理論の構成概念は効力予期（セルフエフィカシー）と結果予期であるが，運動行動を対象とした研究では，セルフエフィカシーに関する研究

が圧倒的に多い。セルフエフィカシーはいくつかの社会的認知モデル（計画的行動理論やトランスセオレティカル・モデルなど）の構成概念にも取り入れられていることにも起因しているかもしれない。セルフエフィカシーは特定の行動の遂行に対する確信度である（Bandura, 1977）ので，それを測定する尺度は多々存在することになる。竹中と上地（2002b）はこれまでに開発された欧米における運動関連のセルフエフィカシー尺度について，課題セルフエフィカシー（運動スキルや能力に対するもの），自己調整・バリアセルフエフィカシー（臨むべき行動パフォーマンスの実行を阻害されたり，挑戦することに関するもの），そして，一般性セルフエフィカシーとその他の3つの観点から尺度をレビューしているが，じつに多種多様の尺度がある。わが国においても，近年さまざまな運動行動に即したセルフエフィカシー尺度が作成されている（飯尾・前場・島崎・大矢・竹中，2012；竹中・近河・本田・松崎，2002c；竹中・上地，2002b；松尾・竹中・岡，2002）。

　セルフエフィカシーは運動行動とは互恵関係にあることから，運動行動の独立変数（要因）としても，従属変数（結果）としても用いられる（竹中，2002a）。セルフエフィカシーは運動行動に関連していることが多くの研究で認められているが，行動の採択と継続のどちらにより影響力をもつのであろうか。オマーンとキング（Oman & King, 1998）やマコーリーとブリスマー（McAuley & Blissmer, 2000）は，運動プログラムの参加や身体活動に対してセルフエフィカシーは重要な役割を果たし，影響しているが，運動の継続への影響は弱いと述べている。よって，セルフエフィカシーは運動行動の採択により強い影響力をもつのかもしれない。一方，結果予期については，ウイリアムズとアンダーソンとウィネット（Williams, Anderson & Winett, 2005）のレビューをみると，ポジティブな結果予期と身体活動の関係は若年世代から中年世代においては弱く，両者の関連がみられない研究もあるが，高齢者世代では両者の関係は強いことが報告されている。このようにセルフエフィカシーや結果予期はともに運動行動と関係しているが，セルフエフィカシーのほうがより強い関連があるといえる。

ところで，先に説明した合理的行為理論や計画的行動理論と社会的認知理論では，どちらの理論がより運動行動を予測するであろうか。ドゥゼワルトゥスキとノーブルとショー（Dzewaltowski, Noble & Shaw, 1900）は4週間の身体活動（7日間振り返りの身体活動尺度使用）を用いて，両理論の予測力を比較している。重回帰分析の結果，行動意図とセルフエフィカシーの比較では，身体活動の予測に行動意図の予測力はなく，セルフエフィカシーが予測力を有すること，また行動の統制感とセルフエフィカシーの比較では，身体活動にやはりセルフエフィカシーが有意な予測力を示したことから，身体活動の予測に合理的行為理論や計画的行動理論より社会的認知理論が優れていると述べている。しかし，この両理論の比較検証は欧米人を対象としている。わが国の人々の行動は主観的規範（計画的行動理論の構成概念）の影響力が強いので，異なった結果が得られるかもしれない。

4節 ◆ トランスセオレティカル・モデル

1　モデルと構成概念

　トランスセオレティカル・モデル（Transtheoretical Model : TTM）はプロチャスカとディクレメンテ（Prochaska & DiClemente, 1983）によって提唱されたもので，行動変容ステージ，セルフエフィカシー，意思決定のバランス，行動の変容プロセスの4つの構成概念からなっており，もっとも包括的な理論である。トランスセオレティカル・モデルの概要については，わが国では，岡（2000）や竹中（2004 ; 2005）が紹介しているので，それらも参照しつつ解説することにする。

　行動の変容ステージとは，実際の行動と行動に対する準備性（レディネス）によって行動を分類するもので，「前熟考期（無関心期）」「熟考期（関心期）」「準備期」「実行期」「維持期」の5つのステージからなっている（図1-6）。準備性（レディネス）とは計画的行動理論でいうところの行動意図に当たるもので，意図と行動の組み合わせで5つの段階に分けるということになる。運動

第1章 運動行動を説明・予測する理論・モデル

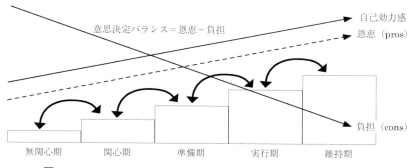

図1-6 トランスセオレティカル・モデルの構成概念（橋本作成）

を例に説明すると，「前熟考期（無関心期）」は運動を行っておらず，近い将来も行う意志がない段階，「熟考期（関心期）」は現在運動を行ってはいないが，近い将来運動を行う意志がある段階，「準備期」は現在運動を行ってはいるが，不定期である段階，「実行期」は運動を行っているが，まだ始めて日が浅い（6カ月）段階，「維持期」は運動を行ってすでに6カ月以上経過している段階をいう（Prochaska & Velicer, 1997；岡, 2000；竹中, 2004：2005）。このように，行動を「している・していない」で判断するのではなく，準備性（レディネス）という動機的成分を加味し，1つでも後期ステージのほうに移行すれば行動変容したと考えるのである。また，人が行動を改善しようとするとき，どのような段階にいるのかを見極めるには非常に有効な概念である。

セルフエフィカシーは前述したバンデューラ（Bandura, 1977）の概念を導入したものであり，ある行動を成功裡に遂行することへの確信度であるが，行動変容ステージとの関係でいえば，後期ステージに移行するほど高くなるとされる（Prochaska & Velicer, 1997）。

意思決定のバランスとは，行動を改善することの恩恵（pros）と負担（cons）のバランスの知覚をいい，ジャニスとマン（Janis & Mann, 1977）によって提唱された意思決定理論の主要な構成概念である。行動変容ステージと意思決定のバランスの関係は，前熟考期（無関心期）と熟考期（関心期）のステージの人は行動を改善することに対する恩恵より負担のほうが上回り，実行期と維持

35

期のステージの人は逆に恩恵のほうが負担を上回る。したがって，意思決定バランス得点（恩恵—負担）は後期ステージに移行するほど高くなり，後期ステージに行動変容させるには，負担の軽減を図り恩恵を強化することとなる。

　行動の変容プロセスとは，行動変容の後期ステージへ移行させるための方略をさす。これには5つの認知的方略と5つの行動的方略がある。認知的方略としては，意識の高揚（行動改善への意識を高める），ドラマティック・レリーフ（感情的に揺さぶる），自己再評価（問題行動を見直させる），環境再評価（周囲への変化・影響を考えさせる），社会的解放（社会の変化に気づかせる）があり，行動的方略としては，反対条件づけ（問題行動への代替行動をとる），援助的関係（他者の援助を受ける），自己解放（他者に行動改善を宣言する），刺激コントロール（行動を起こすきっかけをつくる），強化マネジメント（賞を与えたり，罰を取り除く），がある。前期ステージでは認知的な方略を用い，後期ステージでは行動的方略を用いてステージに応じた技法で行動変容を促すことになる（Prochaska & Velicer，1997；岡，2000；竹中，2004：2005）。

2　運動行動への適用

　トランスセオレティカル・モデルは喫煙に対する行動変容の理論・モデルとして提示されたものであるが，現在では身体活動・運動，ダイエット，食生活，薬物乱用など，さまざまな健康行動の改善に用いられている（松本，2002）。欧米では，運動行動を促すために，介入を含めて多くの研究がなされている。ブリドゥル，リームスマ，パテンデン，ソウデン，マザー，ワット，ウォーカー（Briddle, Riemsma, Pattenden, Sowden, Mather, Watt & Walker, 2005）は，健康関連の行動変容にトランスセオレティカル・モデルを用いた研究をレビューし，その効力を指摘している。

　わが国では，岡（2000）や竹中（2004：2005）がトランスセオレティカル・モデルの概要を紹介し，研究の推進に多大な貢献をしている。岡（2000）はトランスセオレティカル・モデルを詳細に解説するとともに，運動のアドヒレンス研究を概観し，①TTMの構成概念の尺度開発，②構成概念間の関係，運動

アドヒレンス強化のための介入研究をレビューし，研究の課題を見出している。また，須藤・吉池（2008）は1982〜2007年に欧米で刊行されたトランスセオレティカル・モデルにもとづく運動指導の効果に関し，無作為化比較試験（Randomized Controlled Trial：RCT）[2]の研究デザインを用いた6カ月間以上の介入研究をレビューし，長期的効果を調べるとともに，運動行動の指標として行動変容ステージと身体活動（エネルギー消費など）の相違を調べた。その結果，行動変容ステージを用いた研究の効果は認められたが，身体活動を運動時間でみると，有意な効果はなく，運動強度を考慮した身体活動には効果がみられたとしている。結論として，トランスセオレティカル・モデルにもとづく運動指導の効果をみる際，行動変容ステージは長期的評価の指標として適していると述べている。

　行動変容ステージは行動をしたか・しなかったかという相反するものでとらえるのではなく，レディネスという準備性と実際の行動を統合したものであり，行動変容の内容がわかりやすいし，介入による行動変容がよく理解できる。たとえば，橋本（2006）は大学の健康・スポーツ科学の講義のなかでさまざまな行動変容技法を短時間で指導し，身体活動やスポーツ活動の運動行動が促進できるかどうかを調べた。その結果，実際の行動（運動量得点，歩行移動頻度，階段使用頻度）では顕著な変化はみられなかったが，行動変容ステージが後期ステージへ移行するなどの行動変容がみられ，講義は認知的方略の1つになりうることを述べている。このように行動変容ステージは，さまざまな行動の変容を評価する際，きわめて有用と考えられる。

　アーミテージとコナー（Armitage & Conner, 2000）は，健康行動を説明するのに開発された多くの社会的認知モデルに共通する多くの概念（セルフエフィカシー，行動の結果に対する信念，動機的プロセスと他の意志的プロセスの区別）を明らかにするとともに，モデルには長所や短所があるが，健康行動の適正な社会的認知モデルは行動の予測だけではなく，行動の説明や行動変容を促すことができると述べている。

文献

Armitage & Conner (2000) Social cognition models and health behavior: A structured review. *Psychology and Health*, 15: 173-789.

Armitage, C.J. & Conner, M. (2001) Efficacy of the theory of planned behavior: A meta-analytic review. *British Journal of Social Psychology*, 40: 471-499.

Ajzen, I. (1985) From intention to action: A theory of planned behavior. In J. Kuhl and J. Beckman (Eds.), Action control: From cognitive to behavior (pp.11-39). NY: Springer-Verlag.

Ajzen, I. & Madden, T.J. (1986) Prediction of goal-directed behavior: Attitude, intentions, and perceived behavioral control. *Journal of Experimental Social Psychology*, 22: 453-474.

Bandura, A. (1977) Self-efficacy: Toward a unifying theory of behavioral change. *Psychological Review*, 84(2): 191-215.

Bandura, A. (1986) Social foundations of thought and action: A social cognitive theory. Prentice-Hall: Englewood Cliffs, NJ.

Biddle, J.H. & Nigg, C.R. (2000) Theories of Exercise Behavior. *International Journal of Sport Psychology*, 31: 290-304.

Briddle, C., Riemsma, R.P., Pattenden, J., Sowden, Mather, L., Watt, I.S. & Walker (2005) Systematic review of the effectiveness of health behavior interventions based on the transtheoretical model. *Psychology and Health*, 20(3): 283-301.

Dishman, P.K. (1988) Exercise adherence: Its impact on public health. Human Kinetics. Champaign, IL.

Dzewaltowski, D.A., Noble, J.M. & Shaw, J.M. (1990) Physical activity participation: Social cognitive theory versus the theoryies of reasoned action and planned behavior. *Journal of Sport Exercise and Psychology*, 12: 388-405.

Fishbein, M. & Ajzen, I. (Eds.) (1975) Belief, attitude, intention and behaviour: An introduction to theory and research. Reading, MA: Addison-Wesley.

橋本公雄 (2001) 運動の継続化モデルの構築に関する研究 九州大学健康科学センター pp.47.

橋本公雄 (2004) 第2部 身体活動・運動と健康, 4 わが国特有の運動行動のモデル構築と介入に関する研究推進 日本スポーツ心理学会 (編) 最新スポーツ心理学――その軌跡と展望 大修館書店 pp.132-133.

橋本公雄 (2006) 運動行動の促進を意図した「健康・スポーツ科学講義」の効果――行動変容技法の導入 大学体育学, 3: 25-35.

Hausenblas, H.A., Carron, A.V. & Mack, D.E. (1997) Application of the theories of reasoned action and planned behavior to exercise behavior: A meta-analisis. *Journal of Sport & Exercise Psychology*, 19: 36-51.

Janis, I.L. & Mann, L.（Eds.）（1977）Decision making: A psychological analysis of conflict, choice and commitment. NY: Collier Macmillan.

小松智子（2011）ボランティア行動の予測とメンタルヘルスに及ぼす影響――健康行動としてのボランティアの確率を目指して　平成22年度九州大学大学院人間環境学府修士論文

飯尾美沙・前場康介・島崎崇史・大矢幸弘・竹中晃二（2012）気管支喘息患児の長期管理に対する保護者用セルフエフィカシー尺度の開発　健康心理学研究，25 (1)：64-73.

Marcus, B.H. & Simkin, L.R.（1993）The stage of exercise behavior. *The Journal of Sports Medicine and Physical Fitness*, 33 (1)：83-88.

松尾直子・竹中晃二・岡浩一朗（2002）身体的セルフエフィカシー尺度――尺度の開発と高齢者における身体的セルフエフィカシーと運動習慣との関係　健康心理学研究，12：48-58.

松本千明（2002）医療・保健スタッフのための健康行動理論の基礎――生活習慣病を中心に　医歯薬出版株式会社

McAuley, E. & Blissmer, B.（2000）Self-efficacy determinants and consequences of physical activity. *Exercise & Sport Sciences Reviews*, 28 (2)：85-88.

岡浩一朗（2000）行動変容のトランスセオレティカル・モデルに基づく運動アドヒレンス研究の動向　体育学研究，45: 543-561.

Oman, R.F. & King, A.C.（1998）Predicting the adoption and maintenance of exercise participation using self-efficacy and previous exercise participation rates. *American Journal of Health Promotion*, 12 (3)：154-161.

Prochaska, J.O. & DiClemente, C.C.（1983）Stage and processes of self-change in smoking: Towards an integrative model of change. *Journal of Consulting & Clinical Psychology*, 51: 390-395.

Prochaska, J.O. & Velicer, W.F.（1997）The transtheoretical model of health behavior change. *American Journal of Health Promotion*, 12 (1)：38-48.

Riddle, P.K.（1980）Attitudes, beliefs, behavioral intentions, and behaviors of women and men toward regular jogging. *Research Quarterly for Exercise and Sport*, 51 (4)：663-674.

Rosenberg, M.J. & Hovland, C.I.（1960）Cognitive, affective, and behavioral components of attitudes. In C. I. Hovland and M. J. Rosenberg（Eds.）, Attitude organization and change, New Haven: Yale University Press.

SSF笹川スポーツ財団（2013）スポーツライフデータ2012　スポーツライフに関する調査

報告書

須藤紀子・吉池信男（2008）トランスセオレティカルモデルに基づいた運動指導の長期的効果に関する系統的レビュー　栄養学雑誌，66（2）：57-67.

竹中晃二（2002a）継続は力なり――身体活動・運動アドヒアランスに果たすセルフエフィカシーの役割　体育学研究，47: 263-269.

竹中晃二・上地広昭（2002b）身体活動・運動関連研究におけるセルフエフィカシー測定尺度　体育学研究，47: 209-229.

竹中晃二・近河光伸・本田譲治・松崎千秋（2002c）高齢者における転倒セルフエフィカシー尺度の開発――信頼性及び妥当性の検討　体育学研究，47: 1-13.

竹中晃二（2004）トランスセオレティカル・モデル――TTMの概要　心療内科，8（4）：264-269.

竹中晃二（監訳）（2005）高齢者の運動と行動変容――トランスセオレティカル・モデルを用いた介入（Book House HD, In P.M. Burbank & Riebe, D.（Eds.）（2000）Promoting exercise and behavior change in older adults: Interventions with the transtheoretical model. Springer Publishers Company, Inc., NY.）

田中国夫（編著）（1977）新版現代社会心理学　誠信書房

徳永幹雄・多々納秀雄・橋本公雄・金崎良三（1980）スポーツ行動の予測因としての行動意図・態度・信念に関する研究（Ⅰ）――ランニング実施に対するFishbeinの行動予測式の適用　体育研究，25（3）：179-190.

Trost, S.G., Owen, N., Bauman, A.E., Sallis, J.F. & Brown, W.（2002）Correlates of adults participation in physical activity: Medicine and Science in Sports and Exercise, 34: 1996-2001.

山田亜樹・酒井芳文（2009）現代日本人の健康意識――「健康に関する世論調査」からNHK放送文化研究所　放送研究と調査，59（8）：2-21.

Williams, D.M., Anderson, E.S. & Winett, R.A.（2005） A review of the outcom expectancy construct in physical activity research. *The Society of Behavioral Medicine*, 29（1）：70-79.

注

1) 従属変数に関して独立変数によって説明される分散の割合（影響力）のことであり，その値の解釈はCohenの定義に従うと，小さい（>.01），中程度（>.06），大きい（>.14）となる。
2) 治験および臨床試験等において，データの偏り（バイアス）を軽減するため，被験者を無作為に処置群（治験薬群）と比較対照群（治療薬群，プラセボ群など）に割り付けて実施し，評価を行う試験。

第 2 章

運動継続の介入法としての運動継続化の螺旋モデル

前章で示した行動を説明し，予測する理論・モデルは，行動の採択や継続の主要な心理的変数から構成されており，これらの理論・モデルやその構成概念を十分に理解できれば，運動や健康づくりの指導現場でのプログラム作成において利用価値は高いと考えられる。しかし，一つひとつの構成概念を理解するのは容易ではなく，専門家から行動理論や行動変容技法を学ぶ必要があり，市区町村で開講している健康づくり教室や民間のフィットネスクラブ等で普及させるにはまだまだ時間を要するだろう。よって，運動・健康づくりの指導現場でもすぐに適用でき，しかも理解しやすいモデルを構築することは重要と考える。そこで本章では，橋本（1998a；1998b；2000；2010）が運動継続者の視点から仮説的に構築した，わかりやすく，加えて行動変容技法が適用可能な「運動継続化の螺旋モデル（Spiral Model for Exercise Adherence：SMEA）」について解説することにする。

1 節 ◆ 運動継続化の螺旋モデルの構成概念

　合理的行為理論（Fishbein & Ajzen, 1975）も計画的行動理論（Ajzen, 1985；1991）も行動変容理論としてはきわめて優れているが，これらの理論の構成概念である態度，主観的規範，行動の統制感をどのようにして高めるかという方法論は明示されていない。よって，運動指導現場ではなかなか適用されにくい。また，社会的認知理論（Bandura, 1977；1986）やトランスセオレティカル・モデル（Prochaska & DiClemente, 1983）では介入法としての行動変容技法が提示されているが，それぞれの技法を専門的に学び理解しなければならず，現実的には知識を有する専門家が必要となる。
　そこで，運動や健康づくりの指導現場でも理解しやすく，しかも介入としても用いやすいモデルとして，図2-1に示す，運動継続化の螺旋モデル（SMEA）を仮説的に考案した（橋本，1998a；1998b；2000；2010）。この運動継続化の螺旋モデル（SMEA）は運動継続者の立場に立って考えたもので，「快適経験」「目標設定」「結果の知識」「成功体験」の4つの心理的な要因と

第2章　運動継続の介入法としての運動継続化の螺旋モデル

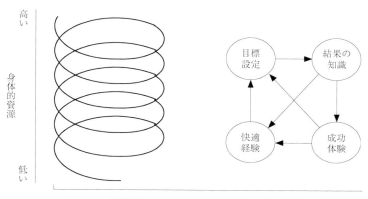

図2-1　運動継続化の螺旋モデル（橋本，1998）

「身体的資源」で構築されている。前者の4つの心理的要因は内発的動機づけを高める要因であるので，運動の継続に役立つと考えられる。

　運動継続の視点から健康・体力づくりのための運動やスポーツ活動の継続について，具体的事例をあげて説明してみることにする。

　まず，人が運動を継続するためには，運動中の「楽しさ」や「おもしろさ」を感じ，運動後に爽快さ，達成感，満足感などのポジティブな感情を体験することが重要となるだろう。これらのポジティブな感情体験を運動にともなう「快適経験」とした。運動にともなうこれらのポジティブな感情の体験は運動に対する態度（感情，認知，行動的成分）のなかでも，とくに感情的成分の好意度を高めることになり，運動の促進と継続化につながることになるだろう。快適経験は運動意欲（やる気）を喚起させるので，動機づけを高める要因となる。運動の継続においては，この快適経験がもっとも重要と考えられる。

　次に目標設定であるが，運動や健康づくり教室で快適経験が得られれば，運動者は，次はいつ，どこで，誰と，どのようにして行うかという計画を立てることになるであろう。これが第2ステップの「目標設定」である。目標設定は内発的動機づけを高める重要な要因である。たとえば，健康づくりの運動では，筋力・持久力の強化，心肺機能の回復・向上，体重の減少などといった体

力や健康の維持増進という目的を達成するために設定される具体的な内容となる。また，楽しみを目的とする運動・スポーツ活動であれば，「昼休み時間に卓球をする」とか，「週3回，テニスをする」ということになるであろう。

　明確な目標が設定されると，人はそれを達成するための行動をとり，終了後にその行動の結果や効果を確認することになる。これは第3ステップの「結果の知識」という情報のフィードバックであり，これも内発的動機づけを高める要因である。健康・体力づくりのための運動やトレーニングを行った結果がどうなっているかは気になるもので，よい結果を伝えられると達成度がわかり，さらにやる気を増すことになる。運動の効果としては，体力，体重，体型など客観的な測定値もあるが，主観的に感じられる健康感や体力感もある。むしろ後者のほうが運動の継続化にはより重要かもしれない。運動者は目標が達成できていないときは，その原因を究明し，目標の再設定を行い，再挑戦することになる。

　目標が達成されれば，それは第4ステップの「成功体験」となる。成功・成就体験は喜びや満足感をもたらすとともに，さらなる運動意欲や自信を高めることになる。健康維持増進のための健康スポーツにおける成功体験は，運動遂行の成就感，ストレス解消，気分の高揚感・爽快感などの主観的・心理的なものも含まれるだろう。

　運動継続化の螺旋モデルは図2-1に示すように，運動が継続されるとき，前述した心理的要因は循環ないし相互関連（図2-1，右側）しているものと考えられる。また，運動の継続にともない，運動者の身体的資源（技術，体力，健康など）の向上がみられるが，身体的資源の変化は4つの心理的要因に影響を与え，質的な転換が行われることになる。つまり，運動の継続とともに，身体的側面は向上し，快適経験の喜びや楽しさの質，目標設定の内容，結果の知識のとらえ方，成功の意味などの変化が生じるものと考えられる。よって，身体的資源の改善・向上で4つの要因は螺旋的に高次なもの（図2-1，左側）になると仮定されている。

　このように，運動を継続している人は，「快適経験」→「目標設定」→「結

表 2-1　運動継続化の螺旋モデルの要因の実施と知覚の頻度（橋本，1998a）

快適経験	非常に爽快	ときどき爽快	あまり爽快ない	まったく爽快なし
	57.3	40.4	2.2	0
目標設定	明確な設定	漠然とした設定	あまり設定しない	まったく設定しない
	6.8	47.7	30.7	14.8
結果の知識	いつもする	ときどきする	あまりしない	まったくしない
	11.4	26.1	35.2	27.2
成功体験	いつもある	ときどきある	あまりない	まったくない
	25.8	59.6	14.6	0

＊健康スポーツ実施者，n=89

果の知識」→「成功体験」という一連の流れのなかで運動を実施しているものと考えた。運動継続化の螺旋モデルはこれらの4つの心理的要因が行きつ戻りつしながら，身体的資源の確実な向上とともに心理的要因の質的な変化が起こることを意味している。

　ここで，健康スポーツを行っている成人男女89名を対象とした調査データから，これらの4つの要因の設問に対する回答の結果を表2-1に示した（橋本，1998a）。運動後の爽快感に関しては，ほとんどの者（97.7％）が肯定的回答であり，ポジティブな感情を経験していることがわかる。このことは，快適経験が健康スポーツをするのに重要であることを意味している。目標設定については，"明確な"と"漠然とした"目標を設定していた者は54.5％と，快適経験と比較すると肯定的な回答は少なかった。また，結果の知識に関しても運動後に何らかの方法で結果をチェックしている（いつもする，ときどきする）者は37.5％と低かった。成功体験では，肯定的な回答率が85.4％であり，大半の者が運動後に成功体験を味わっていた。このように，運動を継続している者は快適経験，目標設定，結果の知識，成功体験を大なり小なり実施し，知覚していることがわかる。

2節 ◆ 運動継続化の螺旋モデルの有効性の検証

運動継続化の螺旋モデルは,運動者の立場に立って「なぜ運動を続けているのだろう」という視点で考えたものであるが,このモデルは検証する必要がある。検証の方法として,合理的行為理論(Theory of Reasoned Action：TRA)と計画的行動理論(Theory of Planned Behavior：TPB)との比較を行ってみた。これらの両理論は行動意図が行動の決定因であり,態度,主観的規範,行動の統制感はこの行動意図の予測因となる。行動意図をこれらの予測因でどの程度説明できるかで理論・モデルは検証されている。そこで,運動継続化の螺旋モデルの検証も快適体験,目標設定,結果の知識,成功体験の心理的要因と身体的資源を含めた5つの要因で行動意図の説明力を調べた。理論・モデルの検証のための概念図は下記のとおりである(図2-2,図2-3)。

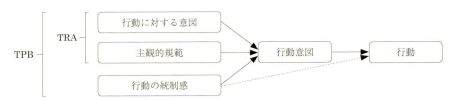

図2-2 合理的行為理論(TPB)と計画的行動理論(TRA)の検証

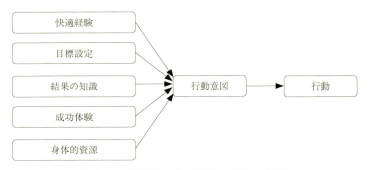

図2-3 運動継続化の螺旋モデルの検証

モデルの検証は学生と社会人を対象として行った。合理的行為理論と計画的行動理論の構成概念の設問は下記に示すとおりである。

〈運動行動〉

運動の実施頻度，時間，強度から算出される身体活動得点（Kasariの身体活動指標の一部改変：橋本，2005）を用いた。

〈行動意図〉

「あなたは，1カ月以内に少なくとも，週3回以上，1回20分以上の運動・スポーツをしますか」という設問に対し，「するだろう—しないだろう」を両極とする5段階で尋ねた。

〈運動行動に対する態度〉

「運動やスポーツ活動をするとしたら，どのような気持ちになりますか」という設問に対し，「苦しい—楽しい」「わるい—よい」など8項目の形容詞対を用いて運動行動に対する感情的・評価的態度を調べた。

〈主観的規範〉

主観的規範は規範信念と他者の期待に従う動機づけによって規定される。規範信念は運動・スポーツをすることを，重要な他者（家族，親友，周囲の人）が期待していると思うかどうかの信念であり，他者の期待に従う動機づけは，その重要な他者の期待に応えたいかどうかの動機的側面である。重要な他者は家族，親友，周囲の人々の3項目で測定したので，各項目について規範信念と動機的信念の積を求め，合計得点を算出し，これを主観的規範とした。

〈行動の統制感〉

「あなたは，少なくとも週3回，20分間以上運動やスポーツをするかどうかを，どれくらい自分で決めることができますか」「私にとって，運動やスポーツを少なくとも週3回，20分間以上することは，やさしい—難しい」「運動やスポーツをしたいなら，私は少なくとも週3回，20分間以上することができる」「運動やスポーツを少なくとも週3回，20分間以上するかどうかは，まったく私次第である」という4項目の設問を作成し，行動の統制感得点を算出した。

表2-2 運動継続化の螺旋モデルの測定項目

快適経験	1) 運動・スポーツ活動をした後は，楽しい気分になる。 2) 運動・スポーツ活動をした後は，爽快な気分になる。
目標の設定	1) 運動・スポーツ活動をするときは，目標（時間，距離，勝敗など）を決めて行う。 2) 運動・スポーツ活動をした後，次の目標を設定する。
結果の知識	1) 運動・スポーツ活動の結果について記録をつけている。 2) 運動・スポーツ活動の効果を何らかの形で確かめる。
成功体験	1) 運動・スポーツ活動をした後は，「やったー」という達成感がある。 2) 運動・スポーツ活動をした後は，満足感で満たされる。
身体的資源	1) あなたは，体力に自信がありますか。 2) あなたは，運動やスポーツは得意なほうですか。

以上の変数はすべて5段階の回答カテゴリーを用いて測定されている。

一方，運動継続の螺旋モデルに用いられる構成概念と設問項目は表2-2に示すとおりであり，快適経験，目標設定，結果の知識，成功体験，身体的資源とも，2項目ずつである。いずれも回答カテゴリーは，「1. まったくそうでない―4. いつもそうである」を両極とする4段階自己評定法を用いて測定し，得点化した。ただし，身体的資源は「自信がある―自信がない」「得意なほう―不得意なほう」をそれぞれ両極とする4段階法である。

階層的重回帰分析の結果を表2-3に示した。態度と主観的規範の2変数で行動意図を説明する合理的行為理論（TRA）での説明力（R^2）は学生10.1%，社会人8.2%であり，これに行動の統制感を加える計画的行動理論（TPB）の説明力は，学生28.4%，社会人31.6%と高くなった。一方，運動継続化の螺旋モデル（SMEA）による行動意図の説明力（R^2）を表2-4に示した。4つの予測因（快適経験，目標設定，結果の知識，成功体験）で学生14.2，社会人20.8%であり，これに身体的資源を追加すると，説明力は学生19.7%，社会人25.9%へと増加した。

運動継続化の螺旋モデル（SMEA）での行動意図の説明力（19.7〜25.9%）は合理的行為理論の説明力（8.2〜10.1%）よりはかなり高いが，計画的行動理論の説明力（28.4〜31.6%）に比べると低かった。運動継続化の螺旋モデル

表2-3 螺旋モデル要因からの行動意図への階層的重回帰分析

	Step	決定要因	R^2	β^1	β^2
学生 n=209	TRA	態度	.101	.189***	.048
		主観的規範		.202**	.181**
	TPB	行動の統制感	.284		.452**
社会人 n=188	TRA	態度	.082	.237**	.102
		主観的規範		.106	.071
	TPB	行動の統制感	.316		.507**

** p<.01

表2-4 螺旋モデル要因からの行動意図への階層的重回帰分析

	Step	決定要因	R^2	β^1	β^2
学生 n=209	1	快適経験	.142	.080	.037
		目標設定		.323**	.278**
		結果の知識		.132	.096
		成功体験		−.139	−.182△
	2	身体的資源	.197		.267**
社会人 n=188	1	快適経験	.208	.026	−.045
		目標設定		.166*	.131
		結果の知識		.272**	.269**
		成功体験		−.083	−.119
	2	身体的資源	.259		.237**

△ p<.10, ** p<.01

（SMEA）が計画的行動理論（TPB）を超えるためには，さらに構成概念の再検討や設問項目を精選し，モデルの検証を行っていく必要があるだろう。行動の統制感の行動意図に対する規定力（β値）がきわめて高いことを考えると，この統制感を運動継続化の螺旋モデルに導入することも考えられる。また，5つの変数すべてが行動意図に有意な規定力をもっているわけではないので，測定項目の精選は今後の課題として残る。しかし，運動継続化の螺旋モデル（SMEA）の測定項目はわずか10項目での測定であり，しかも行動意図に対す

る合理的行為理論の説明力より高いことを考えると，運動継続化の螺旋モデル（SMEA）の有効性は認められ，指導現場でも適用可能と思われる。

3節 ◆ 運動継続化の螺旋モデルにもとづく介入法

　運動継続化のモデルの構成概念は快適経験，目標設定，結果の知識，成功体験，身体的資源であり，図2-4に各構成概念に対する行動変容技法を示した。
　「快適経験」は運動の快適さを味わうことであり，運動中あるいは運動終了後に快感情が得られるように運動強度や運動量を考えればよいことになる。競技スポーツと異なり，健康づくりのための運動では苦痛感や疲労感をともなえば運動の継続は難しくなる。よって，楽しく，心地よさを体験させることが重要となり，1人で行う運動も指導者のもとに行われる運動プログラムもポジティブな感情が得られるように内容を組み立てる必要があるだろう。とくに，1人で行う運動であれば快感情を得ることが重要であり，そのための運動強度や運動量を考えることとなる。したがって，ランニングやウォーキングの場合，「快」を感じる運動強度の設定は重要となるだろう。このことについては，第5章から解説する，「快適自己ペース（Comfortable Self-Established Pace：CSEP）」という主観的な運動強度を用いた運動で可能となる。

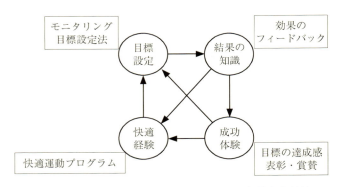

図2-4　運動継続化の螺旋モデルにおける行動変容技法

「目標設定」は運動の継続化に重要であり，社会的認知理論（SCT）における重要な行動変容技法の1つでもある。そのため効果的な目標設定法はスポーツ心理学の領域でも提示されている。たとえば，SMARTは覚えやすい目標設定法といえる。SMART は Specific（具体的な目標），Measurable（測定可能な目標），Accountable（自己責任で可能な目標），Realistic（現実的な目標），Time Bound（目標達成する期限の目標）の頭文字である。運動指導では短期・長期の目標設定の仕方は具体的なものであり，数字で表され，個々人の努力で達成でき，現実をふまえたうえでの目標であり，それをいつまでに達成するかという内容となる。これらの目標設定と同時に，セルフモニタリングノート（運動日誌や記録表）を作成し，達成度をみていくことはきわめて重要なことである。

「結果の知識」とは，具体的な変化や効果を運動者に認知させることである。われわれは運動する際，その結果や効果が知りたくなるので，その結果や経過の情報をフィードバックすることにより，動機づけとなり，さらなる意欲が高まる。よって，運動指導者はさまざまな変化の情報を実施者にフィードバックし，アドバイスをしていくとよいだろう。このときセルフモニタリングを用いると，自己の変化が確認できるので役に立つ。また，フィードバック情報としては自己知覚もある。「疲れにくくなった」「健康状態がよくなった」という知覚は意欲を増すことになるので，運動指導者は測定値だけに目を奪われることなく，参加者のさまざまな主観的な評価も聞いてあげることである。

「成功体験」は個々人が自己設定した目標を達成すれば知覚されるので，指導に当たっては目標達成に向けて支援を行い，達成と努力を称賛していくことである。目標が達成できないときは，目標の設定を見誤っている可能性があるので，一度目標を再設定して個々人の目標を達成させることである。

以上述べたように，運動継続化の螺旋モデル（SMEA）の行動意図への説明力が合理的行為理論（TRA）より高いということは非常に意義があることと思われる。なぜなら，運動継続化の螺旋モデル（SMEA）の構成概念はわかりや

すく，しかも行動変容技法を含んでいるからである。今後さらに，行動意図への規定力を有する各構成概念の尺度化を図ることによって，有用な運動継続化のモデルの構築が可能となると考えられる。また，これらの構成概念は内発的動機づけを高める要因でもあり，運動の継続化にも役に立ち，行動変容技法を用いることができるので，運動指導の現場で使いやすいと考えられる。

文献

Ajzen, I.（1985）From intension to actions: A theory of planned behavior: In J. Kuhl and J. Beckman (Eds.) Action-control: From cognition to behavior Heidelberg, *Germany: Springer*, 12-39.

Ajzen, I.（1991）The theory of planned behavior. *Organization Behavior and Human Decision Processes*, 50, 179-211.

Bandura, A.（1977）Self-efficacy: Toward a unifying theory of behavioral change. *Psychological Review*, 84 (2) : 191-215.

Bandura, A. (Ed.)（1986）Social foundations of through and action: A social cognitive theory. Englewood Cliffs, N.J. Prentice-Hall.

Fishbein, M. & Ajzen, I. (Eds.)（1975）Belief, attitude, intension, and behavior: An introduction to theory and research. Reading, MA: Addition-Wesley.

橋本公雄（1998a）健康スポーツの目標設定　体育の科学，48 (5) : 381-384.

橋本公雄（1998b）第3章　快感情を求める身体運動　竹中晃二（編）　健康スポーツの心理学　大修館書店　pp.32-39.

橋本公雄（2000）運動の継続化モデルの構築に関する研究　九州大学健康科学センター研究報告書

橋本公雄（2005）Kasariの身体活動指標修正版の信頼性と妥当性　九州スポーツ心理学研究，17 (1) : 28-29.

橋本公雄（2010）運動継続化の螺旋モデル構築の試み　健康科学，32: 51-62.

Prochaska, J.O. & DiClemente, C.C.（1983）Stage and processes of self-change in smoking: Towards an integrative model of change. *Journal of Consulting & Clinical Psychology*, 51: 390-395.

第3章
運動のメンタルヘルス効果とメカニズム

運動が気分，感情をはじめさまざまな心理的側面にポジティブな影響をもたらすことが，これまでの調査研究，観察研究，介入研究で明らかにされてきた。なかでも介入研究は，因果関係を明らかにするうえで重要であり，健常者や非健常者（精神障害者を含む）を対象として，有酸素性運動（ランニングやウォーキングなど）や無酸素性運動（筋力トレーニングなど）を用いた短期的（一過性），長期的運動で，心理的効果が調べられている。その内容としては，①情緒的ウェルビーイング（状態─特性不安，ストレス，緊張，特性─状態の抑うつ，怒り，情緒混乱，活力，活気，ポジティブ感情，ネガティブ感情，楽観性），②自己知覚（自己効力感，自己価値，自尊感情，自己概念，ボディイメージ，身体的体力感，マスタリー感，統制感），③身体的ウェルビーイング（痛み，身体症状の知覚），④包括的な知覚（生活満足感，全体的ウェルビーイング）と多岐にわたる（Netz, Wu, Becker & Tenenbaum, 2005）。ここでは，情緒的ウェルビーイング（不安，抑うつ，ポジティブ感情）と，包括的な知覚の QOL（Quality of Life）に関する運動の効果を概観し，今後の課題を提示することとする（橋本，2015）。

1節 ◆ 感情に対する運動の効果

1　不安

不安には，一時的な情動状態としての状態不安と，比較的安定したパーソナリティ特性としての特性不安があるが，これらの不安に対する運動の効果を明らかにした研究は膨大な数にのぼり，レビュー論文も多数存在する。とくに近年では，研究結果を統合し統計的手法を用いて効果量（Effect Size：ES）を算出するメタ分析が行われ，運動の不安低減効果が調べられている。

ペトラツェロ，ランダース，ハットフィールド，キュービッツ，サラザール（Petruzzello, Landers, Hatfield, Kubitz & Salazar, 1991）は，状態不安，特性不安，生理心理学的応答の3つの不安についてメタ分析によって運動の不安低減効果を調べた。状態不安に関しては，全体的な平均 ES は 0.24 と小さいが，短期的運動も長期的運動も不安を低減する効果があり，運動時間では

21〜30分が状態不安の低下に大きな効果をもたらすことが明らかにされている。一方，特性不安については，全体的な平均効果量（ES）は0.34と小さいが，運動の不安低減効果がみられ，特性不安を変容させるのに10〜12週間は継続する必要があり，16週間以上になるとより大きな効果が得られるとされている。また，無作為化比較試験（Randomized Controlled Trials：RCT）による介入は非RCTより大きな効果を示すことが明らかにされている。

　そこで，ウィプフライとレソーストとランダース（Wipfli, Rethorst & Landers, 2008）はRCTを用いた質の高い49編の論文だけでメタ分析を行った。その結果，全体の効果量は0.48であり，運動群の不安低減は中等度の効果があり，他の療法群と比較して効果は大きいことが明らかにされている。また，運動頻度では週3〜4回が他の運動頻度より効果が大きく，運動時間では61〜90分が1〜30分や31〜60分に比べて大きな効果があることが見出されている。興味深いことは，運動量と効果量の関係は直線的ではなく，有意ではないが二次曲線となることを明らかにし，量反応関係をみていかなければならないことを指摘していることである。

　近年，不安障害者を対象にした運動の不安低減効果のレビュー論文も散見される。ヒーリングとオコナーとディシュマン（Herring, O'Connor & Dishman, 2010）は1995〜2007年までの40編の論文を調べ，全体的な平均効果量（ES）は0.29と低いが，運動の不安低減効果を明らかにしている。運動実施期間ではなぜか3〜12週間の短期運動が12週間以上の長期運動より大きな効果がみられ，運動時間では30分以上が10〜30分以下より効果は大きいことが見出されている。デボア，パワーズ，ウッチグ，オットー，スミッツ（DeBoer, Powers, Utschig, Otto & Smits, 2012）は不安障害者を対象とした調査研究と，非臨床的不安者や臨床的不安障害者を対象とした介入研究のメタ分析から，すべての研究で一貫して運動の不安低減効果がみられるとしている。しかし，これまでの研究は不安障害者のための治療法として運動の効果を調べた研究自体が少なく，多くの研究が少人数で，適正な統制群に欠け，量反応関係への注意がなされていないなど，多くの方法論的問題が指摘されている

(Asmundson, Fetzner, DeBoer, Powers, Otto & Smits, 2013)。

2 抑うつ

　抑うつは近年増加傾向にあり，現代社会における大きな健康問題の1つとなっているが，抑うつに対する運動の効果を調べた研究は不安研究より歴史は古い。しかし，本格的な研究が行われ始めたのは不安低減効果の研究同様1970年代に入ってからである。ノースとマカラーとトラン（North, McCullagh & Tran, 1990）は，1969～1989年に刊行された80編の論文についてメタ分析を行った。その結果，抑うつへの運動の効果は中等度（ES=0.53）であり，事前に抑うつであった人も非抑うつであった人にも運動の効果はあるが，抑うつ患者にはより大きな効果があることが示されている。また，短期運動も長期的運動も臨床的抑うつを軽減することが見出されている。このように運動の抗うつ効果は，初期のレビューでは観察研究や統制群のない研究が多いなか認められている。

　クラフトとランダース（Craft & Landers, 1998）はメタ分析を用いて抑うつ障害者と他の精神疾患にともなう抑うつ症状を有する者を対象とした30編の論文で臨床的抑うつに対する運動の効果を調べた。その結果，全体的な平均効果量（ES）は0.72とやや高い運動の効果が見出されている。また，事前の抑うつのレベルが低～中等度より中～重度の者に，運動の種類（有酸素性運動と無酸素性運動）に関係なく運動の効果が得られることが明らかにされ，実施期間では8週間以内より9～12週間に運動の効果があることが指摘されている。しかしこのレビューには，観察研究と非RCTでの研究が含まれている。そこで，抑うつ患者を対象にしたRCTの研究手法を用いた14編の論文だけでみると，運動介入は非介入に比べて全体の平均効果量（ES）は1.1であり，より大きな効果が得られている（Lawlor & Hopker, 2001）。

　デーリー（Daley, 2008）は，1990～2007年までに刊行された抑うつへの運動の効果を調べた観察研究とRCTを用いた研究のシステマティックレビューとメタ分析のレビューを再レビューした。その結果，初期の報告で

は，抑うつへの運動の効果は中から大の効果があるとされているが，システマティックレビューやRCTを用いた研究においても，同様の結果が得られている。運動は抑うつに対し非運動よりは効果があり，伝統的な抑うつ治療と同等の効果があるようである。しかしながら，不安研究同様にここでもRCTを用いた研究の長期的効果の欠如や治療効果の過剰見積もり，方法論の問題などがあることが指摘されており，他の治療法と併用して適正な運動を用いることが推奨されている。

3　ポジティブ感情

近年，北米を中心として心理学の分野でポジティブ心理学運動が起こっている。ポジティブ心理学とは「精神病理や障害に焦点を絞るのではなく，楽観主義やポジティブな人間の機能を強調する心理学の取り組み」であり，21世紀の心理学の方向性として提唱されたものである（Seligman & Csikszentmihalyi, 2000；島井, 2006）。ポジティブ心理学では，ポジティブ感情に関する研究は主要な研究課題の1つとなっている。ポジティブ感情は仕事や人間関係をうまく遂行していくことと関係しており，身体的・心理的な健康に関連するウェルビーイングの1要素としてみなされているのである（Reed & Buck, 2009）。

運動心理学の領域においても，ポジティブ心理学の影響を受けて，運動にともなうポジティブ感情の変化に関心が寄せられている。リードとワンズ（Reed & Ones, 2006）はポジティブ感情─活性（Positive Affective-Activate：PAA, 感情モデルの第一象限，第4章参照）の領域における一過性の有酸素性運動の効果に関する研究のメタ分析を行い，運動終了直後にポジティブ感情は増加し，30分以上は続くことを明らかにしている。とくに低強度，35分以内の運動，低～中等度の運動量（強度×時間），運動前の低いPAAで効果がみられると報告している。また，リードとバック（Reed & Buck, 2009）は，長期的な有酸素性運動のPAAに及ぼす影響に関するメタ分析を行い，有酸素性運動プログラムはPAAの好意的な増加をもたらすことを明らかにするとともに，

PAA向上のための最適な運動様式の組み合わせとして，1回30〜35分の低強度運動を週3〜5日，10〜12週間実施することを提案している。

4　QOL

QOLは「生活の質」や「人生の質」「生命の質」と訳されるが，個人の目標と願望の調和のとれた満足感のことをさしており，主観的ウェルビーイング，幸福感，生活満足感と同義と考えられている。QOLの下位概念に健康関連QOL（Health Related QOL：HRQOL）があり，測定尺度としてはSF-36（Short Form 36-Item Health Survey, Ware & Sherbourne, 1992）がよく用いられ，日本語版が作成されている（福原・鈴鴨，2005）。日本語版SF-36は身体機能，日常役割機能（身体），体の痛み，全体的健康感，活力，社会生活機能，日常役割機能（精神），心の健康の8つの下位尺度からなる多次元尺度である。

運動のHRQOLへの影響に関しては，ロックスとマーティンとペトラツェロ（Lox, Martin & Petruzzello, 2003）が広い範囲の臨床的疾患者（高齢の虚弱者，心臓リハビリテーション受診者，肺がん患者，二型糖尿病患者）を対象にした研究で運動の介入効果を報告している。しかし同時に，HRQOLの要素への運動介入効果の相違や介入前のHRQOLのレベル（低い者には運動の効果は顕著である）による相違などが指摘されている。HRQOLへの運動介入効果は，このような非健常者だけでなく，健常者においても同様の結果が得られている。しかし，有酸素性運動や筋力トレーニングのような高強度の運動が低強度の運動よりもHRQOLが高く，運動様式によって異なることが指摘されている（McGrath, O'Malley & Hendrix, 2010）。

また，シュッフとバスコンセロス・モレノとフレック（Schuch, Vasconcelos-Moreno & Fleck, 2011）は，QOLと抑うつには，それぞれに運動の効果がみられるが，抑うつ患者のQOL向上に運動の効果があるかどうかを明らかにするため，先行研究をレビューしている。その結果，抽出した4つの研究では運動を処方した抑うつ患者のQOL（身体的，心理的側面）において改善効果が見出されている。

表3-1 運動の心理的効果（ISSP, 1992）

1. 状態不安を低減させる
2. 軽度から中等度の抑うつレベルを低減させる
3. 神経症や不安症を低減させる（長期的運動において）
4. 重度の抑うつ病患者の専門的治療の補助となる
5. さまざまなストレス指標の低減をもたらす
6. 性，年代を問わず情緒的な効果をもたらす

体力の向上は HRQOL に関係していないとの指摘もある（Lox, Martin & Petruzzello, 2003）が，高齢者を対象としたとき，HRQOL と体力水準に関係がみられる（中村・田中・藪下・松尾・中田・室武，2008）ことから，今後の研究では，HRQOL への運動の効果のメカニズムを解明するためにも体力の改善などの媒介変数となる要因の解明を進める必要があるだろう。

以上，不安，抑うつ，ポジティブ感情，QOL に関する運動の心理的ウェルビーイング効果について概観してきたが，ネッツら（Netz et al., 2005）は臨床的な障害のない高齢者を対象として，ウェルビーイング（情動，自己知覚，身体的ウェルビーイング，包括的ウェルビーイング）に対する 36 編の介入研究についてメタ分析を行い，運動の効果を調べた。その結果，運動介入群（ES=0.24）は統制群に対して約3倍の効果量を有していた。有酸素性運動はもっとも効果があり，中等度強度の有酸素性運動がもっとも効果的であることが明らかにされている。また，不安，抑うつ，ポジティブ感情に対する運動の効果は認められているが，それ以上に包括的なウェルビーイング，自己効力感，身体的症状などへの効果が認められている。

国際スポーツ心理学会（ISSP, 1992）では，運動のメンタルヘルス効果に関し，不安，抑うつ，ストレス，さまざまな情動反応に効果があるという，表3-1 に示すようなステートメントを公表している。

5 今後の展開

　以上示したように，運動の心理的ウェルビーイングに対する効果はさまざまな側面で明らかにされているが，研究方法の質の問題も問われている。よって，今後は健常者だけでなく非健常者を対象としたRCTを用いた研究で運動の心理的恩恵を明らかにするとともに，効果的な運動処方（運動強度，時間，頻度）を確立していくことが重要となる。しかし，この運動の心理的恩恵を受けるのは運動を継続している者だけである。つまり，運動の継続がなされなければ，さまざまな心理的ウェルビーイングに対する効果が明らかにされたとしても研究の意義は半減する。よって，今後の研究では，情緒的ウェルビーイングのポジティブ感情をもっと調べていく必要がある。なぜならネガティブ感情の軽減・改善がなされたとしても運動の継続には寄与しないかもしないが，ポジティブ感情の増加は継続と関連する可能性が高いからである。また，多くの研究が相対的運動強度（％ $\dot{V}O_2max$，％ HRmax 等）を用いているが，これらの強度で運動の効果が明らかにされても継続には関係しない。指定されたプログラムより自己選択のプログラムのほうが運動教室への参加率は高いことからも（Wankel, 1993），運動後にポジティブ感情が増加する自己選択的かつ主観的な運動強度（好みの運動強度：Dishman, 1994；快適自己ペース：橋本, 2000）を用いた研究を行う必要があるだろう。

　このように，今後の運動心理学研究は運動の効果だけに目を向けるのではなく，運動の継続という視点をもって効果をみていくことが重要と思われる。この意味で，運動の心理的ウェルビーイングの改善・向上効果の研究はさまざまな切り口があり，今後のさらなる研究の発展がまたれる。

2節 ◆ 運動にともなう感情変化のメカニズム

　運動にともなうポジティブ感情の増加に関するメカニズムは明らかにされていないが，運動後の不安や抑うつ，気分などの改善に関する説明として，いくつかの生物学的な仮説と心理学的な仮説が提示されている（Petruzzello et al.,

1991 ; Morgan, 1985 ; Plante & Rodin, 1990)。以下，それらを簡単に説明する。

1 生物学的仮説

　生物学的仮説としては，モノアミン仮説（Monoamine Hypothesis），エンドルフィン仮説（Endorphine Hypothesis），相反過程仮説（Opponent-process Hypothesis），温熱仮説（Thermogenic Hypothesis），大脳機能側性仮説（Celebral lateralization Hypothesis）などがある。

　モノアミン仮説は，脳内のモノアミン神経伝達物質であるノルエピネフリン，ドーパミン，セロトニンの分泌量が運動によって増加するので，抑うつなどが改善される（Morgan, 1985）というものである。また，エンドルフィン仮説は，下垂体前葉で生成され，鎮痛作用，麻薬作用をもつβ-エンドルフィンという内因性モルヒネ様物質が運動によって増加する（Farrell, Gates, Maksud & Morgan, 1982）ため，気分の高揚や不安の低減が生じる（Morgan, 1985）というものである。これらの仮説は，脳内の化学物質の変化が感情の変化を促すというものであるが，人の場合，脳内の化学物質を直接調べるわけにはいかず，末梢の血液や尿中に放出されるこれらの代謝物質を測定して気分や不安などの感情との関係が調べられている（Farrell et al., 1982）。

　大脳機能側性仮説は，運動は2つの大脳半球の覚醒に異なった影響を与える（Hatfield & Landers, 1987）というものであり，運動後の不安低減を脳波のパターンから説明するものである。ペトラツェロとランダース（Petruzzello & Landers, 1994）やペトラツェロとテイト（Petruzzello & Tate, 1997b）は，運動後の左脳の活性が不安低減に，右脳の活性が不安の増加に関連していることを明らかにしている。

　相反過程仮説はソロモン（Solomon, 1980）が提示した生理学的メカニズムを用いて心理的変化を説明するもので，神経系は強い刺激を受けると行動的・主観的・生理的要素を含む感情反応が生起し，この過程が活性化されると，有機体の恒常性を維持するため中枢神経の働きによって相反過程

(opponent process) が自動的に起こるというものである (Boutcher & Landers, 1988)。つまり，快に対して不快，緊張に対してリラックスのような感情反応が opponent process で生じることを意味する。激しい運動では，運動にともなう不安感情が生じ，その一方で運動後にリラックスなどの感情が増加してくると説明されている (Petruzzello et al., 1991)。この仮説は，運動後の不安低減の説明として，ボゥチャーとランダース (Boutcher & Landers, 1988) やペトラツェロとジョンズとテイト (Petruzzello, Jones & Tate, 1997a) の研究によって部分的ではあるが支持されている。

温熱仮説は，運動にともなう不安低減は運動によって生じる体温の上昇によるという仮説である (Morgan & O'Connor, 1988)。しかし，ヤングステッド，ディシュマン，キュアトン，ピーコック (Youngstedt, Dishman, Cueton & Peacock, 1993) は一過性の運動で不安低減と体温との関係を調べているが，20分間の運動条件（中性温水中の自転車こぎ）と温水暴露条件（39〜41度）で体温上昇はみられたものの，不安低減が生じなかったため温熱仮説を証明するには至っていない。ペトラツェロとランダースとサラザール (Petruzzello, Landers & Salazar, 1993) も体温を操作する3つの条件下でのランニングを用い，両者の関係を調べている。その結果，すべての条件で運動後の不安は低下したが，体温の操作では不安の変化をわずかに説明しているにすぎず，運動にともなう体温の上昇は不安低減に対する影響が小さい可能性を示している。

2　心理学的仮説

心理学的仮説としては，マスタリー仮説 (Mastery Hypothesis)，活動の楽しみ仮説 (Enjoyment Hypothesis)，心理的恩恵期待仮説 (Expectancy Hypothesis)，気晴らし仮説 (Distraction Hypothesis) などがある。

マスタリー仮説は，身体的有能感の増加が達成感・成就感を増加する，つまり成就感がポジティブな気分を増加するというもの (Brown, 1991) であり，活動の楽しみ仮説は興奮あるいはリラックスした，個人的に有益な，意味のある楽しい経験からもたらされる活動が気分をよくする (Berger, Owen, Molt

& Parks, 1998 ; Motl, Berger & Leuschen, 2000）というものである。

　心理的恩恵期待仮説は，ある行動が気分の恩恵をもたらすという強い信念をもっている人はもっていない人に比べ，その活動へ参加したとき大きな恩恵を受けるというものである。ヤングステッドら（Youngstedt et al., 1993）は，一過性の運動を用いて心理的恩恵への期待と気分の変化との関係を調べ，両者の関係がみられなかったことを報告している。バーガー，オーエン，モルト，パークス（Berger et al., 1998）は，この研究には気分の尺度が不安という単一の感情であったこと，被験者数が少なかったことなど，いくつかの問題があったとして，これらを整理し，2つの実験をとおして両者の関係を再検討した。しかし，結果はやはり両者間に有意な関係はみられていない。

　バークとモーガン（Bahrk & Morgan, 1978）の研究に端を発する気晴らし仮説は，運動の不安低減効果を調べる研究のなかで，運動群（トレッドミル歩行）や瞑想群（リラクセーション）はもとより，コントロール群（座位安静）にも同様の不安低減がみられたことから，一時的にストレスフルな状況に対し気を晴らすこと，あるいは日常的に繰り返される活動から休息をとることで不安は低減すると解釈し，この仮説を提示したものである。ラグリンとモーガン（Raglin & Morgan, 1987）もこの気晴らし仮説を支持するデータを示しているが，クロッカーとグロツェレ（Crocker & Grozelle, 1991）の研究では，不安誘導後，自由にさせたコントロール群に有意な不安低減が認められず，気晴らし仮説は支持されていない。しかし，これらの研究は気晴らし仮説そのものを検証する研究ではないため，ブルースとオコナー（Breus & O'Connor, 1998）は緻密な実験デザインを用いて気晴らし仮説の検証を行っている。その結果，不安低減は運動条件のみにみられ，運動と勉強を組み合わせた条件ではみられなかったことから，気晴らし仮説が支持されると述べている。

　以上，運動と気分や感情の変化を説明するいくつかの生物学的仮説と心理学的仮説を示したが，決定的なものはなく，おそらくこれらのいくつかが複合したものと考えられる。運動にともなう気分や感情の変化のメカニズムとして，相反過程仮説や温熱仮説あるいは大脳機能側性仮説などは，運動後のネガティ

ブな感情の測定だけでなく，快感情やリラックス感などのポジティブな感情を測定することによって検証できるかもしれない。しかし，モノアミンやβ-エンドルフィンは脳内の濃度を測定することはできず，これらの物質で運動後の感情の変化を説明することは難しいであろう。

　また，運動にともなう達成感，活動の楽しみ，気晴らしなどは経験的に理解されやすいが，単純なランニング走行中にも，快感情やリラックス感などのポジティブな感情の増加がみられる（橋本・斎藤・徳永・花村・磯貝，1996）ことから，これらの単一の仮説で運動にともなう感情の変化を説明するには無理があると思われる。また，心理的恩恵期待仮説も感情の変化に及ぼす要因の1つではあると思われるが，ジョギングが嫌いな者でも運動後に有意なポジティブな感情（爽快感と満足感）の増加がみられている（橋本・徳永・高柳・斉藤・磯貝，1993）ので，この仮説は成立しないかもしれない。

　これまで多くの仮説が提示されているが，測定される心理的尺度に問題があるように思われる。それはこれらの仮説の多くが，ポジティブな感情を説明する内容であるにもかかわらず，測定される心理的変数は不安や抑うつなどのネガティブな感情であることである。これは，リラックスと不安，快と抑うつが対応して変化する（Nowlis & Greenberg, 1979）ことを前提とし，研究自体が運動とネガティブな感情の変化に焦点を当ててきたためと思われる。なぜ，運動によって感情の変化（ポジティブな感情の増加とネガティブな感情の減少）がみられるのか。そのメカニズムの解明は重要な研究である。したがって，今後の研究課題としては感情のネガティブな側面だけでなく，ポジティブな側面をも同時に測定するか，ワトソンとクラークとテレゲン（Watson, Clark & Tellegen, 1988）が作成している PANAS（Positive Affect Negative Affect Schedule）のような正負両方の感情が測定できる尺度を用い，提示されているメカニズムを再検討する必要があるように思われる。また，運動にともなう気分や感情の一過性の変化と長期的変化は異なるメカニズムかもしれない。さらには，一過性のポジティブな感情の増加と長期的なメンタルヘルスの改善との関係も明らかにされていない。運動にともなうメンタルヘルスの改善・向上の

メカニズム研究は，わが国ではほとんど行われていない。今後の研究がまたれる。

文献

Asmundson, G.J.G., Fetzner, M.G., DeBoer, L.B., Powers, M.B., Otto M.W. & Smits, J.A.J. (2013) Let's get physical: A contemporary review of the anxiolytic effects of exercise for anxiety and its disorders. *Depression and anxiety*, 30 (4) : 362-373.

Bahrk, M.S. & Morgan, W.P. (1978) Anxiety reduction following exercise and meditation. *Cognitive Therapy and Research*, 2 (4) : 323-333.

Berger, B.G., Owen, D.R., Molt, R.W. & Parks, L. (1998) Relationship between expectancy of psychological benefits and mood alteration in joggers. *International Journal of Sport Psychology*, 29: 1-16.

Boutcher, S.H. & Landers, D.M. (1988) The effects of vigorous exercise anxiety, heart rate, and alpha activity of runners and nonrunners. *Psychophysiology*, 25 (6) : 696-702.

Breus, M.J. & O'Connor, P.J. (1998) Exercise-induced anxiolysisia test of the "time out" hypothesis in high anxious females. *Medicine and Science in Sports and Exercise*, 30: 1107-1112.

Brown, J.D. (1991) Staying fit and staying well: Physical fitness as a moderator of life stress. *Journal of Personality and Social Psychology*, 60 (4) : 555-561.

Craft, L.L. & Landers, D.L. (1998) The effect of exercise on clinical depression and depression resulting from mental illness: A meta-analysis. *Journal of Sport & Exercise Psychology*, 20: 339-357.

Crocker, P.R.E. & Grozelle, C. (1991) Reducing induced state anxiety: Effects of acute aerobic exercise and autogenic relaxation. *Journal of Sport Medicine and Physical Fitness*, 31: 277-282.

Daley, A. (2008) Exercise and depression: A review of reviews. *Journal of Clinical Psychology in Medical Settings*, 15: 140-147.

DeBoer, L.B., Powers, M.B., Utschig, A.C., Otto, M.W. & Smits, J.A.J. (2012) Exploring exercise as an avenue for the treatment of anxiety disorders. *Expert Review of Neurotheraputics*, 12 (8) : 1011-1022.

Dishman, R.K. (1994) Prescribing exercise intensity for healthy adults using perceived exertion. *Medicine & Science in Sports & Exercise*, 26 (9) : 1087-1094.

Farrell, P.A., Gates, W.K., Maksud, M.G. & Morgan, W.P. (1982) Increases in plasma beta-endorphin/beta-lipotropin immuno-reactivity after treadmill running in humans. *Journal of Applied Physiology*, 52: 1245-1249.

福原俊一・鈴鴨よしみ（2005）健康関連QOL尺度――SF-8とSF-36　医学の歩み，213: 133-136.

橋本公雄・徳永幹雄・高柳茂美・斉藤篤司・磯貝浩久（1993）快適自己ペース走による感情の変化に影響する要因――ジョギングの好き嫌いについて　スポーツ心理学研究，20(1)：5-12.

橋本公雄・斎藤篤司・徳永幹雄・花村茂美・磯貝浩久（1996）快適自己ペース走に伴う運動中・回復期の感情の変化過程　九州体育学研究，10(1)：31-40.

橋本公雄（2000）運動心理学の課題――メンタルヘルス改善のための運動処方の確立を目指して　スポーツ心理学研究，27(1)：50-61.

橋本公雄（2015）スポーツと感情　中村敏雄・高橋健夫・寒川恒夫（編）21世紀スポーツ大事典　大修館書店

Hatfield, B.D. & Landers, D.M. (1987) Psychophysiology in exercise and sport research: An overview. *Exercise and Sports Science Review*, 15: 351-386.

Herring, M.P., O'Connor, P.J. & Dishman, R.K. (2010) The effect of exercise training on anxiety symptoms among patients: A systematic review. *Arch. Intern. Med.*, 170(4)：321-331.

International Society of Sport Psychology (1992) Physical activity and psychological benefits: A position statement. *International Journal of Sport Psychology*, 23: 86-90.

Lawlor, D.A. & Hopker, S.W. (2001) The effectiveness of exercise as an intervention in the management of depression: Systematic review and meta-regression analysis of randomised controlled trials. BMJ, 322:1-8.

Lox, C.l., Martin, A.M. & Petruzzello, S.J. (Eds.) (2003) The psychology of exercise: Integrating and practice. Holcomb Hathaway, Publishers, Inc., AZ, USA.

McGrath, J.A., O'Malley, M. & Hendrix, T.K. (2010) Group exercise mode and health-related quality of life among healthy adults. *Journal of Advanced Nursing*, 67(3)：491-500.

Morgan, W.P. (1985) Affective beneficence of vigorous physical activity. *Medicine and Science in Sport & Exercise*, 17(1)：94-100.

Morgan, W. & O'Connor, P.J. (1988) Exercise and mental health. In R.K. Dishman (Ed.), Exercise Adherence: Its Impact on Public Health, pp. 91-121., Champaign, IL: Human Kinetics.

Motl, R.W., Berger, B.G. & Leuschen, P.S. (2000) The role of enjoyment on the exercise-mood relationship. *International Journal of Sport Psychology*, 31(3)：347-36.

中村容一・田中喜代次・藪下典子・松尾知明・中田由夫・室武由香子（2008）健康関連QOLの維持・改善を目指した地域における健康づくりのあり方――高齢者の体力水準に着目して　体育学研究，53: 137-145.

Netz, Y., Wu, M.J. Becker, B.J. & Tenenbaum, G. (2005) Physical activity and psychological well-being in advanced age: A meta-analysis of intervention studies. *Psychology and Aging*, 20 (2): 272-284.

North, T.C., McCullagh, P. & Tran, Z.V. (1990) Effect of exercise on depression. *Exercise Sport Science Review*, 18: 379-415.

Nowlis, D.P. & Greenberg, N. (1979) Empirical description of effects of exercise on mood. *Perceptual and Motor Skills*, 49: 1001-1002.

Petruzzello, S.J., Landers, D.M., Hatfield, B.D., Kubitz, K.A., & Salazar, W. (1991) A meta-analysis on the anxiety-reducing effects of acute and chronic exercise: Outcomes and mechanisms. *Sports Medicine*, 11 (3): 143-182.

Petruzzello, S.J., Landers, D.M. & Salazar, W. (1993) Exercise and anxiety reduction: Examination of temperature as an explanation for affective change. *Journal of Sport and Exercise Psychology*, 15: 63-76.

Petruzzello, S.J. & Landers, D.M. (1994) State anxiety reduction and exercise: Dose hemispheric activation reflect such changes? *Medicine and Science in Sports and Exercise*, 26 (8): 1028-1035.

Petruzzello, S.J., Jones, A.C. & Tate, A.K. (1997a) Affective responses to acute exercise: A test of opponent-process theory. *The Journal of Sports Medicine & Physical Fiteness*, 11 (3): 143-182, 1992.

Petruzzello, S.J. & Tate, A.K. (1997b) Brain activation, affect, and aerobic exercise: An examination of both state-independent and state-dependent relationships. *Psychophysiology*, 34 (5): 527-533.

Plante, T.G. & Rodin, J. (1990) Physical fitness and enhanced psychological health. *Current Psychology: Research and Reviews*, 9 (1): 3-25.

Raglin, J.S. & Morgan, W.P. (1987) Influence of exercise and quite rest on state anxiety and blood pressure. *Medicine and Science in Sport and Exercise*, 19 (5): 456-463.

Reed, J. & Ones, D. (2006) The effect of acute aerobic exercise on positive-activated affect: A meta-nanalysis. *Psychology of Sport and Exercise*, 7: 477-514.

Reed, J. & Buck, S. (2009) The effect of regular aerobic exercise on positive-activated affect: A meta-nanalysis. *Psychology of Sport and Exercise*, 10: 581-594.

Schuch, F.B., Vasconcelos-Moreno, M.P. & Fleck, M.P. (2011) The impact of exercise on quality of life within exercise and depression trials: A systematic review. *Mental

Health and Physical Activity, 4: 43-48.

Seligman, M.E.P. & Csikszentmihalyi, M. (2000) Positive psychology: An introduction. *American Psychologist*, 55: 5-14.

島井哲志（編）（2006）ポジティブ心理学――21世紀の心理学の可能性　ナカニシヤ出版

Solomon, R.L. (1980) The opponent-process theory of acquired motivation. *American Phychologist*, 35: 691-712.

Wankel, L.M. (1993) The importance of enjoyment to adherence and psychological benefits from physical activity. *International Journal of Sport Psychology*, 24: 151-169.

Ware, J.E. & Sherbourne, C.D. (1992) The MOS 36-item short-form health survey (SF-36) : I. Conceptual framework and item selection. *Medical Care*, 30: 473-483.

Watson, D., Clark, L.A. & Tellegen, A. (1988) Development & validation of brief measures of positive and negative affect: The PANAS scales. *Journal of Personality and Social Psychology*, 34 (6) : 1063-1070.

Wipfli, B.M., Rethorst, C.D. & Landers, D.M. (2008) The anxiolytic effects of exercise: A meta-analysis of randomized trials and dose-response analysis. *Journal of Sport & Exercise Psychology*, 30: 392-410.

Youngstedt, S.D. Dishman, R.K., Cueton, K.J. & Peacock, L.J. (1993) Does body temperature mediate anxiolotic effect of acute exercise? *Journal of Applied Physiology*, 74: 825-831.

第 4 章

感情とメンタルヘルスの測定尺度

不安や抑うつなどのネガティブ感情に対する運動の改善効果に関する研究の歴史は古いが，近年ポジティブ心理学の運動が北米心理学会で提唱され，ポジティブ感情に関する研究は検討すべき重要な課題の1つとしてあげられている。　運動・スポーツ心理学の研究領域でも，ポジティブ感情に及ぼす運動の効果に関する研究に注目が集まっている。本章では，運動・スポーツ心理学における感情研究および感情尺度を概観するとともに，橋本・徳永（1995；1996）と橋本・村上（2011）が独自に開発した運動特有の感情尺度（Mood Check List：MCL）とメンタルヘルス状態を測定するユニークなメンタルヘルスパターン診断検査（Mental Health Pattern：MHP，橋本・徳永・高柳，1994；橋本・徳永，1999）を紹介することにする。

1節 ◆ 感情尺度

1　運動心理学における感情研究
1）運動行動と感情
　感情は「経験の情感的あるいは情緒的な面を表す総称，あるいは情動」，もしくは「主観的に体験された気分のこと」と定義されおり（藤永，1992；2004），情動や気分を含む概念である。情動は一時的な強い感情状態であり，気分は比較的長く続く弱い感情状態である。また感情には，喜び，満足，楽しさなどのポジティブ感情と不安，抑うつ，怒り，嫌悪，恐怖，悲しみなどのネガティブ感情がある。これらの感情はさまざまな刺激に対する心理的反応として現れるものであり，また外顕的行動としても表出してくる。

　運動・スポーツ心理学の研究領域では，感情は運動・スポーツ行動にかかわる重要な変数として扱われ，その内容は「運動行動の規定要因」「パフォーマンス発揮要因」「運動の心理的効果」の3つに大別できる。

　1つ目の運動行動の規定要因としての感情は，態度研究にみられ，認知・感情・行動という態度の3成分（多次元構造）のうちの感情的成分として扱われてきた（Rosenberg & Hovland，1960）。態度は社会心理学の研究領域では重要

な概念の1つであり，研究の歴史は古く，行動の先行要因として位置づけられている。運動・スポーツ心理学の研究領域でも同様であり，態度と行動の関係，態度変容の規定要因等々の研究が盛んに行われてきた。しかし，社会心理学の領域での研究が進むにつれ，態度と行動の非一貫性（落差・ずれ）の問題が惹起し，態度の規定そのものの問題も指摘された。そこで，フィッシュバインとエイゼン（Fishbein & Ajzen, 1975）は態度を多次元構造でみるのではなく，評価と感情の一次元構造として再規定した。そして第1章で示したように，行動ではなく行動意図の予測因の1つとし，合理的行為理論（TRA）を提示した。この理論は計画的行動理論（TPB, Ajzen, 1985）へと発展し，現在でも，感情は行動に対する態度概念として重要な行動意図の予測因となっている。

2つ目のパフォーマンス発揮要因としての感情は，マーテンス（Martens, 1977）に端を発する競技不安の研究にみられる。スポーツパフォーマンスを乱す最大の原因は競技場面で晒されるさまざまなストレスであるが，不安感情はその情動的反応である。スポーツ競技特有の不安を調べることで，競技パフォーマンスがより予測できるとし，競技特性不安尺度（Sport Competition Anxiety Test：SCAT）と競技状態不安尺度（Competitive State Anxiety Inventory-form2：CSAI-2）が開発され，特性不安と状態不安の関係，状態不安とパフォーマンスの関係，状態不安のマネジメント等々の研究が行われている。なお，不安感情のマネジメントはピークパフォーマンスの発揮にかかわる心理状態をつくるためのメンタルトレーニング法の1つとして進展している。また近年においては，ハニン（Hanin, 1997）のIZOF（individual zones of optimal functioning）理論にもとづく研究もあり，最高のパフォーマンスが発揮される個々人の最適な感情状態（ゾーン）の存在が指摘され，その感情状態を調べるための尺度も開発されている。

3つ目の運動の心理的効果としての感情は，運動心理学における中心的課題でもあり，これまで主に不安感情（Petruzzello, Landers, Hatfield, Kubitz & Salazar, 1991）や抑うつ感情（North, McCullagh & Tran, 1990；Craft & Landers, 1998）

に及ぼす運動の改善効果が明らかにされてきた。研究成果については，すでに第3章で概観しているとおりである。

　以上述べたように，感情は心理学，社会心理学，スポーツ心理学，運動心理学などの学問領域では研究の対象として重要な概念であり，現在もそれぞれの学問領域で研究が続けられている。とくに運動・スポーツ心理学における感情は，端的にいえば運動行動の"はじめ"（規定要因としての感情），"なか"（パフォーマンス発揮要因としての感情），"おわり"（運動の心理的効果としての感情）に関する研究として扱われているのである。

2）ポジティブ感情とネガティブ感情

　心理学や臨床心理学，運動心理学で扱われるポジティブ感情とネガティブ感情とでは意味合いが異なる。不安や抑うつなどのネガティブ感情は，健康状態，行動（日常生活行動を含む），パフォーマンスの発揮に負の影響を与えるため，もとの状態に戻すという意味で「改善」や「対処」という視点で扱われる。そのため，カウンセリング法，自律訓練法，漸進的筋弛緩法などのさまざまな心理的技法が開発され，また運動・スポーツ科学の領域でも運動療法や運動処方という用語が存在する。一方，ポジティブ感情は，健康状態，行動，パフォーマンス発揮に正の影響を与えると推測されるため，さらなる「向上」という視点で扱われている。つまり，ポジティブ感情は仕事や人間関係のような生活場面でうまくやっていくことと関係しており（Lyubomirsky, King & Diener, 2005），身体的・心理的な健康に関連するウェルビーイングの1要素としてみなされているのである（Reed & Buck, 2009）。

　不安や抑うつを中心としたネガティブ感情に及ぼす運動の心理的効果を調べる研究は，1960年代後半頃から始まった。その後この種の研究は，さまざまな運動種目（有酸素性運動と無酸素性運動）や運動強度を用いてフィールド研究と実験研究によって進められ，1980年代には運動によるネガティブ感情の改善効果を説明するメカニズムとして，生物学的仮説（モノアミン仮説，β-エンドロフィン仮説，温熱仮説など）と心理学的仮説（気晴らし仮説，心理的期待恩恵仮説など）が提示された（第3章参照）。しかし，これらのメカニズム研究では，

感情測定（ネガティブな側面）と説明変数（ポジティブな側面）の指標間に対応関係がみられず，ネガティブ感情の改善を運動にともなうポジティブ感情の視点から仮定しているにすぎない。これは不安とリラックス，抑うつと快が対立的な感情状態にあるという前提があるからであろう。また，ネガティブ感情を扱うのは，戦後の心理学の流れを汲むものであり，非薬物療法の1つとして運動の効用性（運動療法）が注目されたという出発点があるからである。

2　運動心理学研究で用いられる感情尺度
1）一般的な感情尺度

　感情には，特性と状態としての感情があり，これらは尺度を用いて測定される。運動心理学の感情研究の初期においてはネガティブ感情が測定されており，不安尺度としては，スピルバーガーとゴーサッチとルッシェン（Spielberger, Gorsuch & Luchen, 1970）の STAI（State-Trait Anxiety Inventory）などが用いられ，抑うつ尺度としては，ベック，ウォード，メンデルソン，モック，アーバフ（Beck, Ward, Mendelson, Mock & Erbugh, 1961）の BDI（Beck Depression Inventory）やツング（Zung, 1965）の SDS（Self-rating Depression Scale）が多く用いられている。メンタルヘルス（気分や感情）状態をみる尺度としてはマクナイヤーとロアとドゥロップルマン（MacNaire, Lorr & Dlopleman, 1971）が作成した POMS（Profiles of Mood State）などはよく知られており，邦訳版もある（横山・荒記，1994）。POMS は不安，抑うつ，怒り，活気，疲労，情緒混乱の6つの下位尺度から構成されている。この尺度は活気を頂点とする iceberg（氷山型）のプロフィールがメンタルヘルスのよい状態としてみなされる。

　また，ワトソンとクラークとテレゲン（Watson, Clark & Tellegen, 1988）はネガティブな感情だけでなく，ポジティブな感情をも測定する20項目の形容詞からなる PANAS（Positive Affect and Negative Affect Schedule）を作成しており，気分や感情の測定としてよく使用されている。さらには，ラッセル（Russell, 1980）の「快―不快」と「覚醒水準」やラーセンとディエンナー

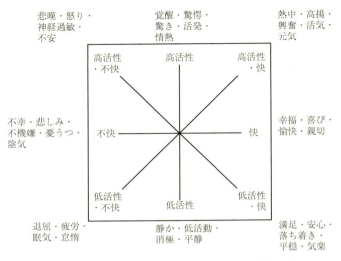

図4-1　ラーセンとディエンナーの感情モデル

(Larsen & Diener, 1992) の「快―不快」と「活性―不活性」の2次元空間内において感情状態を調べる感情モデルなどもある（図4-1）。近年，これらの感情モデルは運動心理学研究においても注目されており，運動前後（Tate & Petruzzello, 1995；Tuson, Sinyor & Pelletier, 1995；Petruzzello & Landers, 1994）だけでなく，運動中の感情状態が調べられている。その他，レジェスキー，ベスト，グリフィス，ケニー（Rejeski, Best, Griffith & Kenney, 1987）は感情の中核がよい―わるいであることから，「よい―わるい」を両極とする11段階（＋5：非常によい；0：中立；－5：非常にわるい）のFS（Feeling Scale）を作成している。

2）運動特有の感情尺度

前項で示した感情尺度はいずれも一般的な感情状態を測定する尺度であるが，運動によって特有の感情が生じることから，運動特有の感情尺度の作成も開発されている。一般的な感情を測定するより運動という特定状況での感情を測定するほうが，運動の感情に及ぼす影響をより把握できると考えられるためである。ガゥビンとレジェスキー（Gauvin & Rejeski, 1993）は，一過性の運動

中の感情状態を測定するため，positive engagement（高揚感），revitalization（再活性化），tranquility（落ち着き），physical exhaustion（身体的疲労）の4つの下位尺度，12項目の形容詞からなる運動誘発感覚尺度（Exercise-Induced Feeling Inventory：EFI-A）を開発し，レジェスキー，レボゥシン，ダン，キング，サリス（Rejeski, Reboussin, Dunn, King & Sallis, 1999）は長期的運動に対する感情を測定するために，EFI-A の設問と回答カテゴリーを変更し，快感情と不快感情の2因子からなる EFI-C（Exercise-Induced Feeling Inventory）を作成している。

わが国においても感情を測定する尺度はいくつか開発されており，荒井・松本・竹中（2004）は作成した運動中の感情を測定する，否定的感情・高揚感・落ち着き感の3因子，12項目の形容詞対からなる WASEDA（Waseda Affect Scale of Exercise and Durable Activity）を作成し，坂入・徳田・川原・谷木・征矢（2003）も覚醒度・快適度からなる2次元からなる尺度を作成している。橋本・徳永（1995; 1996）や橋本・村上（2011）は，一過性の運動にともなうポジティブな感情状態を測定するための感情尺度（Mood Check List：MCL）を作成している。

（1）MCL-3尺度　運動にともなう心理的な状態や特性を測定する際，信頼性と妥当性を有する尺度を用いることはもちろんのことであるが，運動による心理的効果は用いられる尺度の内容・性質に依存するため，どのような尺度を用いるかは重要である。また，運動は，運動強度や時間によっては，感情に対しポジティブな影響とネガティブな影響をもたらす。よって，運動後にともなう感情の変化を測定するためには，ポジティブな側面とネガティブな側面が同時に測定可能な感情尺度を用いることが，より適切であるかもしれない。

ところで，その感情をどのようにとらえ，測定するかは重要である。たとえば，運動やスポーツ活動をした後，気分が"すっきりする"とか"ぼーっとする"，あるいは"楽しい"とか"苦しい"などさまざまな言葉で形容されるように，運動は感情の「快―不快」の側面と深くかかわっていることが推察される。しかし，「快―不快」は感情の1つの側面であり，運動が感情のどの側面

に影響を与えるかを明らかにするためには,感情を多次元的に測定し分析する必要がある。

そこで,運動によって生じる特有の感情尺度(Mood Check List:MCL)を作成するため,九鬼(1981)の感情の三次元構造論に準拠し開発を進めた。そ

表4-1　運動特有の感情尺度(MCL-3尺度)

1.	楽しい	—	苦しい
2.	すっきりした	—	もやもやした
3.	愉快な	—	不愉快な
4.	落ち着いた	—	いらいらした
5.	頭が冴えた	—	ぼーっとした
6.	生き生きした	—	無気力な
7.	リラックスした	—	緊張した
8.	満足な	—	不満足な
9.	爽快な	—	憂うつな
10.	浮き浮きした	—	沈んだ
11.	明るい	—	暗い
12.	ゆったりした	—	せかせかした
13.	はつらつした	—	意気消沈した
14.	伸び伸びした	—	委縮した
15.	機嫌がわるい	—	機嫌がよい
16.	穏やかな	—	腹立たしい
17.	嬉しい	—	悲しい
18.	気力充実した	—	気が滅入った
19.	軽快な気分	—	重々しい
20.	気が晴れた	—	気がふさいだ
21.	くつろいだ	—	気が張った
22.	上機嫌な	—	不機嫌な
23.	幸せな	—	不幸せな

＊項目15と22は対となるチェック項目で、項目15は使用しない。
快感情:1,2,3,5,6,0,10,11,13,14,18,19,20,22
リラックス感:4,7,12,16,21
満足感:8,17,23

の理由は，感情には「快―不快」「覚醒―無覚醒」「支配―服従」の因子や「快―不快」「緊張―眠り」「注目―拒否」などの因子の区分もある（福井，1990）が，運動やスポーツ活動をした後に爽快感やリラックス感あるいは気分の活性化などが得られることも明らかにされているので，九鬼（1981）が提示する「快―不快」「緊張―弛緩」「興奮―沈静」の3つの感情の内容が，運動にともなう感情の変化を調べるのに有効と考えたからである。

尺度作成の手順にしたがって作成されたMCL-3尺度は，快感情，リラックス感，満足感と命名される23項目の形容詞対からなる尺度であり（橋本・徳永，1995），表4-1に示した。尺度の回答カテゴリーは7段階評定尺度法（非常に，かなり，やや，どちらともいえない）である。－3点から＋3点の範囲で得点化され，尺度得点は正の値はポジティブな感情状態を意味し，負の値はネガティブな感情状態を意味する。

表4-2　短縮版 MCL-S.2 感情尺度

	まったくそうでない	そうでない	ややそうでない	どちらともいえない	ややそうである	そうである	まったくそうである
1　生き生きしている	－3	－2	－1	0	＋1	＋2	＋3
2　リラックスしている	－3	－2	－1	0	＋1	＋2	＋3
3　不安である	－3	－2	－1	0	＋1	＋2	＋3
4　爽快な気分である	－3	－2	－1	0	＋1	＋2	＋3
5　ゆったりしている	－3	－2	－1	0	＋1	＋2	＋3
6　思いわずらっている	－3	－2	－1	0	＋1	＋2	＋3
7　はつらつしている	－3	－2	－1	0	＋1	＋2	＋3
8　落ちついている	－3	－2	－1	0	＋1	＋2	＋3
9　くよくよしている	－3	－2	－1	0	＋1	＋2	＋3
10　すっきりしている	－3	－2	－1	0	＋1	＋2	＋3
11　穏やかな気分である	－3	－2	－1	0	＋1	＋2	＋3
12　心配である	－3	－2	－1	0	＋1	＋2	＋3

＊下位尺度項目は，快感情（項目番号1,4,7,10），リラックス感（項目番号2,5,8,11），不安感（項目番号3,6,9,12）である。ただし，MCL-S.1は不安感が2項目となっている。

(2) 短縮版 MCL-S.2 尺度　MCL-3 尺度は 23 項目で作成されており，運動中の感情状態を測定するには項目数が多すぎる。そこで，運動中の感情状態をも測定するため，改めて快感情，リラックス感，不安感の 3 因子，12 項目で構成される短縮版 MCL-S.2（Short form-2）尺度を作成した（表 4-2）。MCL-S.2 は形容詞対ではなく，動詞を用いて作成し，回答カテゴリーも「まったくそうでない―まったくそうである」を両極とする 7 段階法とした。不安感を下位尺度として用いたのは，高強度の運動では運動にともない不安感が増加することから，運動中の不安状態を測定するためである。MCL-S.2 尺度は感度がよく，運動にともなう感情状態がよく反映される。

2 節 ◆ メンタルヘルスパターン診断検査

　変化した感情は，時間の経過とともにもとに戻るという性質をもっている。よって，長期的な運動の効果をみるのには感情尺度は適さない。そこでここでは，長期的な運動によるメンタルヘルス効果を調べるために開発されたメンタルヘルスパターン診断検査（Mental Health Pattern：MHP）を紹介する。

1　ストレスのとらえ方

　精神的に問題を有する人やストレスが溜まっている人の心の状態は，その人の表情，ふるまい，行動をみればある程度わかる。しかし，心理学や精神医学の分野では，これらの心の状態をより客観的に評価・診断するため，さまざまな尺度が開発され，研究や臨床の現場で活用されている。たとえば，心身の自覚症状や情緒障害を調べるコーネル・メディカル・インデックス（Conel Medical Index：CMI）や非器質性，非精神病性情緒障害をみる精神健康調査票（Genral Health Questionnaire：GHQ）などはよく知られ，前述した POMS 尺度もメンタルヘルスを測定する尺度として広く用いられている。これらの尺度はネガティブな気分，感情，あるいは心身の症状などを尋ねる項目を用いてメンタルヘルスの状態をとらえようとするものであり，情緒障害がないかあるい

は低いレベルであれば，精神的に健康であるとみなされる。しかし，その一方で，健康状態を単に疾病や障害がない状態を指すのではなく，生き方，生きざまを含めてとらえたり（豊川，1986；青木，1986），メンタルヘルスの内容も生活上の自己コントロール能力，自己アイデンティティ，現実性，目標設定と挑戦，独自性などを有するか否かでとらえる見方もあり（安藤・村田，1990），多種多様である。

　ストレスはさまざまな心身の反応をともない，疾病の発症とも関連するので，一般的にはないほうがよいと思われている。刺激としてのストレス（ストレッサー）や反応としてのストレス（ストレス反応）は古くから生理心理学的に研究されているもので，生理学的指標（脳波，心拍，血圧，筋電位，皮膚電気抵抗など）や質問紙法（尺度法）を用いて測定・評価されている。これらの測定指標もストレス反応の有無や高低を調べているだけである。しかし，日常生活を考えてみると，ストレス反応は低くてもいきいきしている人もいれば，何となくだらだらとした生活を送っている人もいる。その一方で，ストレス反応は高くても意欲的にがんばっている人もいれば，やる気が失せた人もいるのである。これらの人々の差異を診断できる尺度はない。セリエ（Selye，1974）はストレス研究のパイオニアではあるが，「ストレスは人生にとって彩りを添えるスパイスのようなもの」といっているように，生活あるいは人生において適度なストレス（ユーストレス，快ストレス）は人間の成長・発達，あるいは充実した日常生活を送るのに必要不可欠なものである。しかし，この適度なストレスを測る尺度も見当たらない。

2　メンタルヘルスパターン診断検査の開発
1) メンタルヘルスのパターン化

　ストレス反応を用いてユーストレス状態を測る尺度を開発するために，メンタルヘルスの状態を「ストレス度（Stress Check List：SCL）」と「生きがい度（Quality of Life：QOL）」という2つの次元からとらえ，パターン化して考えてみることにした。ここでは，ストレスを多次元でとらえ，「種々のストレッ

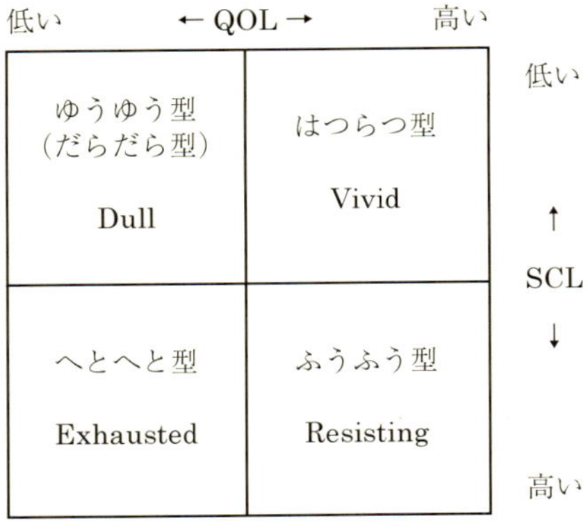

```
        低い  ← QOL →  高い
       ┌──────────┬──────────┐  低い
       │ゆうゆう型 │はつらつ型│
       │(だらだら型)│          │   ↑
       │  Dull    │  Vivid   │
       │          │          │  SCL
       ├──────────┼──────────┤   ↓
       │へとへと型│ふうふう型│
       │          │          │
       │Exhausted │Resisting │  高い
       └──────────┴──────────┘
```

図4-2 メンタルヘルスパターン

サーを不快・おそれと認知することによって生じた精神的，身体的，社会的な歪みの状態」として定義し，また，QOLを生活の満足感・充実感とし，この定義にしたがって尺度の開発を試みた。図4-2に示すように，メンタルヘルスをストレス度（SCL）と生きがい度（QOL）の2軸から，「はつらつ型」「ゆうゆう・だらだら型」「ふうふう型」「へとへと型」と名づけられる4つのタイプに分類する尺度を作成した（橋本・徳永，1999）。

　「はつらつ型」はストレス度が低く，生活の満足感が高いことから，現在の生活に生きがいを感じている状態である。不快なストレッサー（生活の出来事）がないか，あるいはあったとしても，うまく処理していることが考えられる。きわめてメンタルヘルスが高い状態といえる。「ゆうゆう（だらだら）型」は，ストレス度は低いが，生活の満足感も低いパターンで，現在の生活に対し満足していなく，何となくだらだらとした生活を送っている状態である。つまり，生きがいややりがいといった生活に張りがない状態であり，明確な生活の目標が見出せない状態である。「ふうふう型」は解決・克服しなければならない何らかのストレッサー（目標や課題）があり，ストレスをためながらも課題解決に向けて挑戦している状態である。このパターンは，生きがい度は高いので，ストレッサーに対し前向きに挑戦しているといえる。しかし，ストレス度

が高く，長期的なストレッサーへの抵抗が続くと心身の疲労は免れず，精神的に必ずしも健康な生活状況とはいいがたい。「へとへと型」はストレス度が高く，現在の生活に対し満足していないので，生きがいを喪失している状態である。メンタルヘルスはきわめて低い状態といえる。よって，メンタルヘルスの状態は，はつらつ型＞ゆうゆう型（だらだら型）＞ふうふう型＞へとへと型の順でよいことになる。この4つのタイプを調べるのが，メンタルヘルスパターン診断検査（MHP）である。

「はつらつ型」は目標や課題があり，ストレッサーは存在するが，ポジティブに生活を送っている。つまり，ストレスは溜まっていないので，うまく処理をしていることになり，適度なストレスがかかっている状態となる。それゆえ，このタイプがセリエ（Selye, 1974）のいう「ユーストレス状態」と考えられるのである。この意味からメンタルヘルスパターン診断検査（MHP）はユーストレス状態を判別する尺度といえるだろう。また，各下位尺度はプロフィールとして描くこともでき，各因子の高低が判別できる。

2）MHPの尺度項目とメンタルヘルスパターンの判別

メンタルヘルス診断検査の尺度項目は表4-3に示す40項目であり，各下位尺度の項目は表4-4に示すとおりである。ストレス度（SCL）は心理的ストレスとして「こだわり」と「注意散漫」，社会的ストレスとして「対人回避」と「対人緊張」，身体的ストレスとして「疲労」と「睡眠・起床障害」の6つの下位尺度，それぞれ5項目からなっている。したがって，ここで評価されるストレス度は，何らかの生活上の出来事にこだわり，集中力がなくなっている状態であり，対人関係に悩んでいる状態となる。あるいは身体的反応として疲労がたまり，睡眠障害を引き起こしている状態となる。一方，生きがい度（QOL）は「生活の満足感」と「生活意欲」からなっている（橋本・徳永・高柳，1994）。各下位尺度の得点はチェックした項目の回答の点数を加算して算出される。

各パターンと生活習慣や身体的特性との関係を分析したところ，「はつらつ型」を示す者は，体力に対する自己評価が高く，生活習慣がよいこと，逆に

表4–3　メンタルヘルスパターン診断検査（MHP）の尺度項目

回答カテゴリー
　（1. まったくそんなことはない　2. 少しはそうである　3. かなりそうである
　　4. まったくそうである）

1	心配ばかりしている	1	2	3	4
2	1つのことに気持ちを向けていることができない	1	2	3	4
3	人と話をするのがいやになる	1	2	3	4
4	見知らぬ人が近くにいると気になる	1	2	3	4
5	何となく全身がだるい	1	2	3	4
6	寝つきが悪い	1	2	3	4
7	幸せを感じている	1	2	3	4
8	やってみたいと思う具体的な目標をもっている	1	2	3	4
9	物事にこだわっている	1	2	3	4
10	がんばりがきかない	1	2	3	4
11	人と会うのがおっくうである	1	2	3	4
12	周囲のことが気になる	1	2	3	4
13	なかなか疲れがとれない	1	2	3	4
14	眠りが浅く熟睡していない	1	2	3	4
15	自分の生活に満足している	1	2	3	4
16	将来に対して夢をいだいている	1	2	3	4
17	神経が過敏になっている	1	2	3	4
18	何かにつけてめんどうくさい	1	2	3	4
19	1人でいたいと思う	1	2	3	4
20	多くの人々のなかにいるとかたくなる	1	2	3	4
21	ときどき頭が重い	1	2	3	4
22	夜中に目が覚める	1	2	3	4
23	毎日楽しく生活している	1	2	3	4
24	何ごとに対しても意欲的に取り組んでいる	1	2	3	4
25	気持ちが落ち着かない	1	2	3	4
26	ボーッとしている	1	2	3	4
27	にぎやかなところを避けている	1	2	3	4
28	他人に見られている感じがして不安である	1	2	3	4
29	何かするとすぐ疲れる	1	2	3	4
30	さわやかな気分で目が覚めない	1	2	3	4

表4-3 メンタルヘルスパターン診断検査（MHP）の尺度項目（つづき）

31	精神的にゆとりのある生活をしている・・・・・・・	1	2	3	4
32	熱中して行っていることがある・・・・・・・・・	1	2	3	4
33	不快な気分が続いている・・・・・・・・・・・・	1	2	3	4
34	気が散って仕方がない・・・・・・・・・・・・・	1	2	3	4
35	なぜか友人に合わせて楽しく笑えない・・・・・・	1	2	3	4
36	目上の人と話すときに汗をかく・・・・・・・・・	1	2	3	4
37	気分がさえない・・・・・・・・・・・・・・・・	1	2	3	4
38	朝，気持ちよく起きられない・・・・・・・・・・	1	2	3	4
39	生きがいを感じている・・・・・・・・・・・・・	1	2	3	4
40	何ごとに対しても楽観的にとらえている・・・・・	1	2	3	4

表4-4 MHP尺度を構成する下位尺度および項目

因子	下位尺度	尺度項目番号
心理的ストレス	こだわり	1, 9, 17, 25, 33
	注意散漫	2, 10, 18, 26, 34
心理的ストレス	対人回避	3, 11, 19, 27, 35
	対人緊張	4, 12, 20, 28, 36
心理的ストレス	疲労	5, 13, 21, 29, 37
	睡眠・起床障害	6, 14, 22, 30, 38
生きがい度	生活の満足感	7, 15, 23, 31, 39
	生活意欲	9, 16, 24, 32, 40

「へとへと型」を示す者は体力の自己評価が低く，生活習慣が悪いことなどが明らかにされている（橋本・徳永・高柳，1994）。つまり，ストレスとQOLの組み合わせによって作られるメンタルヘルスパターンは生活習慣や認知的体力を反映していることが示唆される。このようなメンタルヘルスの状態をパターン化してとらえ，さらには生活の内容を予測するような尺度は見当たらない。MHP尺度の4つのパターンの名称はその人の生活の有様が推測されるように命名されており，検査者にも被検査者にもなぜそのようなメンタルヘルスの状

態になっているのか，生活状況との関連から診断・指導ができるようになっているので有用である。

文献

Ajzen, I.（1985）From intention to action: A theory of planned behavior. In J. Kuhl and J. Beckman（Eds.）, Action control: From cognitive to behavior（pp.11-39.）. NY: Springer-Verlag.

青樹和夫（1986）ウェルネスと健康と体力　体育科教育，11: 43-47.

荒井弘和・松本裕史・竹中晃二（2004）Waseda Affect Scale of Exercise and Durable Activity（WASEDA）における構成概念妥当性および因子妥当性の検討　体育測定評価研究．4: 7-11.

安藤延男・村田豊久（共編）（1989）これからのメンタルヘルス　ナカニシヤ出版　pp.14-23.

Beck, A.T., Ward, C.H., Mendelson, M., Mock, J. & Erbugh, J.（1961）An inventory for measuring depression. *Archieves of General Psychiatry*, 4: 561-571.

Craft, L.L. & Landers, D.L.（1998）The effect of exercise on clinical depression and depression resulting from mental illness: A meta-analysis. *Journal of Sport and Exercise Psychology*, 20: 339-357.

Fishbein, M. & Ajzen, I.（Eds.）（1975）Belief, attitude, intention and behavior. An introduction to theory and research. Mass: Addition-Wesley.

藤永　保（1992）新版心理学事典　平凡社

藤永　保（2004）心理学事典　丸善株式会社

福井康之（1990）感情の心理学——自分とひととの関係性を知る手がかり　川島書店

Gauvin, L. & Rejeski. W.J.（1993）The exercise-induced feeling inventory: Development and initial validation. *Journal of Sport & Exercise Psychology*, 15: 403-423.

Hanin, Y.L.（1997）Emotion and athletic performance: Individual zones of optimal functioning model. In R. Seiler（Ed.）Europian yearbook of sport psychology（pp.29-72.）St. Augustin, Germany: Academia.

橋本公雄・徳永幹雄・高柳茂美（1994）精神的健康パターンの分類の試みとその特性　健康科学，16: 49-56.

橋本公雄・徳永幹雄（1995）感情の3次元構造論にもとづく身体運動特有の感情尺度の作成——MCL-3の信頼性と妥当性　健康科学，17: 43-50.

橋本公雄・徳永幹雄（1996）運動中の感情状態を測定する尺度（短縮版）作成の試み——MCL-S.1尺度の信頼性と妥当性　健康科学，18: 109-114.

橋本公雄・徳永幹雄（1999）メンタルヘルスパターン診断検査の作成に関する研究（1）MHP尺度の信頼性と妥当性　健康科学，21: 53-62.

橋本公雄・村上雅彦（2011）運動に伴う改訂版ポジティブ感情尺度（MCL-S.2）の信頼性と妥当性　健康科学，3: 21-26.

九鬼周造（1981）九鬼周造全集 第四巻――文芸論　岩波書店　pp.70-222.

Larsen, R.J. & Diener, E. (1992) Promises and problems with the circumplex model of emotion. *Review of Personarily and Social Psychology*, 13: 25-59.

Lyubomirsky, S., King L. & Diener, E. (2005) The benefits of frequent positive affect: Does happiness lead to success? *Psychological Bulletin*, 13 (6): 803-855.

MacNaire, D.M., Lorr, N. & Dlopleman, L.F. (Eds.) (1971) Manual for profile of mood states. San Diego, CA: Educational and Industial Testing Service.

Martens, R. (1977) Sport competiton anxiety test. Human Kinetics: Champaign, ILL.

North, T.C., McCullagh, P. & Tran, Z.V. (1990) Effect of exercise on depression. *Exercise and Sport Science Review*, 18: 379-415.

Petruzzello, S.J., Landers, D.M., Hatfield, B.D., Kubitz, K.A. & Salazar, W. (1991) A meta-analysis on the anxiety-reducing effects of acute and chronic exercise. *Sport Medicine*, 11 (3): 143-182.

Petruzzello, S.J. & Landers, D.M. (1994) Varying the duration of acute exercise: Implications for changes. *Affect Anxiety, Stress, and Coping*, 6: 301-310.

Reed, J. & Buck, S. (2009) The effect of regular aerobic exercise on positive-activated affect: A meta-analysis. *Psychology of Sport and Exercise*, 10: 581-594.

Rejeski, W.J., Best, D., Griffith, P. & Kenney, E. (1987) Sex-role orientation and the response of men to exercise stress. *Research Quarterly*, 58: 260-264.

Rejeski, W.J. Reboussin, B.A. Dunn, A.L. King, A.C. & Sallis J.F. (1999) A modified exercise-induced feeling inventory for chronic training and baseline profiles of participants in the activity counseling trial. *Journal of Health Psychology*, 4 (1): 97-108.

Rosenberg, M.J. & Hovland, C.I. (1960) Cognitive, affective, and behavioral components of attitudes. In C. I. Hovland and M. J. Rosenberg (Eds.), Attitude Organization and Change, New Haven: Yale University Press.

Russell, J.A. (1980) A Circumplex model of affect. *Journal of Personality and Social Psychology*, 39(6): 1161-1178.

坂入洋右・徳田英次・川原正人・谷木龍男・征矢英昭（2003）心理的覚醒度・快適度を測定する二次元気分尺度の開発　筑波大学体育科学系紀要，26: 27-36.

Selye, H. (1974) Stress without distress. NY: The New American Library, Inc.

Spielberger, C.D., Gorsuch, R.L. & Luchen, R.E. (Eds.) (1970) Manual for the state trait anxiety scale. Palo Alto, CA: Consalting Psychologists Press.

Tate, A.K. & Petruzzello, S.J. (1995) Varying the intensity of acute exercise: Implications for changes in affect. *Journal of Sport Medicine and Physical Fitness*, 35 (4) : 295-302.

豊川裕之（1986）こころの時代の健康　保健の科学,　28 (4) : 224-227.

Tuson, K.M., Sinyor D. & Pelletier, L.G. (1995) Acute exercise and positive affect: An investigation of psychological processes leading to affective change. *International Journal of Sport Psychology*, 26: 138-159.

Watson, D., Clark, L.A. & Tellegen, A. (1988) Development & validation of brief measures of positive and negative affect: The PANAS scales. *Journal of Personality and Social Psychology*, 34 (6) : 1063-1070.

横山和仁・荒記俊一（1994）日本語版 POMS 手引き　金子書房

Zung, W.W.K. (1965) A self-rating depression scale. *Archives of General Psychiatry*, 12: 63-70.

第5章

自己選択・自己決定された運動強度――快適自己ペース

前章では，運動継続化の螺旋モデルを提示し，その構成要素の1つである快適経験が運動継続の根幹をなしていることを説明した。運動指導において，どのようにしてこの快適経験としての感情状態を醸し出すかは指導者の力量にかかわる問題であるが，運動中および運動後にポジティブな感情を増加する運動強度を用いることは指導者の力量とは関係しないであろう。そこで本章では，運動後のポジティブ感情の最大化と運動の継続化を意図して提示されている自己選択・自己決定型の主観的な運動強度としての「快適自己ペース（Comfortable Self-Established Pace：CSEP）」について解説することにする。

1節 ◆ 相対的運動強度と主観的な運動強度

1　相対的運動強度

　健康・体力を改善させるための運動にはFITTの原則がある（アメリカスポーツ医学会〔American College of Sports Medicine〕，2011）。つまり，実施する運動の頻度（F：frequency），強度（I：intensity），持続時間（T：time or duration），タイプ（T：type of exercise）を対象者に合わせてプログラムを作成するというものである。運動強度の設定には個人の運動経験や体力を反映し，最大能力などに対する割合で示される相対的強度が用いられる場合が多く，中等度の強度（40〜60% $\dot{V}O_2$予備能〔$\dot{V}O_2R$：$\dot{V}O_2$ reserave〕）が推奨されている。また，身体機能が低下している場合を除き，中等度と高強度（60% $\dot{V}O_2R$以上で心拍数と呼吸数が大きく増加する）の運動の組み合わせが理想的な運動とされている。しかし，そのような身体活動における推奨強度が示されたとしても，実際の運動につながらないことも事実である（Guthold, Ono, Strong, Chatterji & Morabia, 2008；Ham, Kruger & Tudor-Locke, 2009）。

　また，主観的運動強度（Rating of Perceived Exertion：RPE）（Borg, 1974）のように，個人の体力レベルや環境条件，全身の疲労レベルを考慮したうえで運動者が自身の運動中の感覚（きつさ）を主観的に評価できるものがある。つまり，運動強度をより運動者の主観にもとづき，設定するものである。RPE

は運動中の心拍数や酸素摂取量の増加とよく相関し，中等度（40〜59% $\dot{V}O_2R$，心拍予備能〔Heart Rate Reserve：HRR〕）の強度では，12〜13（11：きつくない，13：ややきつい）に相当するというように，相対的強度の1つと考えられる。しかし，トレーニングにより，乳酸閾値や換気閾値時の相対的強度が変わったとしても，これら閾値でのRPEは変化しないとされている（Dishiman, Farquhar & Cureton, 1994；Hill, Cureton, Grisham & Collins, 1987；Boutcher & Trenske, 1989）。つまり，RPEには心理的要因，気分，環境条件，運動の種類および年齢も影響するからである（Robertson & Noble, 1997）。同一強度の運動を行った場合でも，あらかじめ運動時間が20分間，もしくは30分間と設定された場合では，RPEは異なることが報告されている。その際の心拍数，換気量，呼吸数に差が認められなかったことから，RPEは単に生理的強度を反映しているだけではないとしている（Rejeski & Ribisl, 1980）。また，段階的運動負荷漸増試験において，速度を一定にしながら勾配を上げていく場合（Balke法）と速度と勾配の両方を漸増させる場合（Bruce法）では相対的運動強度が同一であってもRPEが異なり，このことはいかなる生理的指標からも説明できないとしている（Whaley, Woodall, Kaminsky & Emmett, 1997）。つまり，運動強度のとらえ方は，運動者の主観が加わると，変化し，相対的強度としての評価も難しくなることを示している。

2　至適運動強度と感情の恩恵の関係

　健康・体力の改善とそれに必要な運動量との間には量反応関係が存在し，もっとも重要な因子は身体活動の総量とされている。しかし，このような運動処方における運動のガイドライン（American College of Sports Medicine, 2011）においても，運動習慣のない人に対しては，運動強度は処方された強度よりも，自己選択強度のほうが適している可能性が示唆されている。また，運動継続という観点から，推奨されている身体活動のガイドラインに関するさまざまな研究についてメタ分析を用いて検証した結果，運動強度はもちろんのこと，頻度，期間，エネルギー消費量といった運動処方の構成要素すべてがかか

わらないことが示された (Rodes, Warburton & Murray, 2009)。したがって，運動継続という点に関しては，従来の量反応関係による方法では至適強度は得られないということになる。

　人が行動を起こす際，気分がよくなることを行い，不快になることは避ける傾向にあるとされている (Emmons & Diener, 1986)。一過性の運動と気分や感情の応答に関する初期の研究では，少なくとも，気分の改善された研究の多くが，運動強度や運動様式，期間にかかわらず改善を報告してきた (Ekkekakis & Petruzzello, 1999; Yeung, 1996)。しかし，それらの多くは運動後の不安や抑うつといった，ネガティブな感情の減少から，感情を評価しており，運動継続とのかかわりのためには，ポジティブな感情に対する影響の評価が重要となる可能性も示唆している。

　これに対し，図5-1に示すように，運動強度とポジティブな感情の量反応関係は逆U字もしくは逆J字（実線部分）に近似することが想定されてきた (Ojanen, 1994)。つまり，個人にとって低すぎる強度では十分な感情の変化が得られず，高すぎる強度では嫌悪感を経験するためである。しかし，多くの研究がポジティブな感情の増加のための至適運動強度の存在に関し検証してき

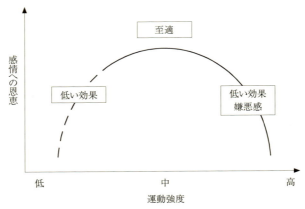

図5-1　身体活動の強度と感情に対する
　　　　恩恵の逆U字曲線関係

た結果，以下のような点から否定されつつある．1つは低強度の運動において
もポジティブな感情が増加するということである．10分間の自己選択ペース
でのウォーキングの結果，心拍数が 71 〜 91 拍／分（15% HRR）という低強
度であったにもかかわらず，ポジティブな感情が増加したことや（Ekkekakis,
Hall, Van Landuyt & Petruzzello, 2000），50 回転 25W という低強度のサイ
クリングにもかかわらずネガティブな感情の低下とポジティブな感情の増加
を示したことが報告されている（Steptoe & Cox, 1988）．さらに，至適強度
とされる中等度の強度（60% $\dot{V}O_2max$）での 30 分間のサイクリングにおい
て，Feeling Scale（FS）で示される感情得点は増加したものと減少したもの
が半々であった（Van Landuyt, Ekkekakis, Hall & Petruzzello, 2000）．また，
習慣的に歩行を行っている人に対し，自己選択強度での歩行強度を調べたと
ころ，平均値では 51.5% $\dot{V}O_2max$ と中等度の強度を示したが，被験者個々の強
度は 35.5 〜 79.1% $\dot{V}O_2max$ と低強度から高強度までばらつきが大きかったこ
とから（Spelman, 1993），至適運動強度の存在が否定されるとともに個人内
の変動の重要性が指摘された（Ekkekakis, Hall & Petruzzello, 2005）．

　以上示したように，運動にともなう感情の恩恵をもたらす運動強度に関して
は逆 U 字ないし逆 J 字型の関係が仮説的に示されていながら，その検証にお
いては，相対的運動強度を用いても，自己選択的な運動強度を用いても失敗し
ている．しかし，筆者らは運動の継続を考慮に入れつつ，気分や感情などの心
理的効果をもたらす運動強度は，運動者にとって好まれるかどうかが重要であ
り，客観的に高いとか低いという基準ではない，という視点に立ち，運動者が
最適と感じる運動強度が重要と考えた．

2節 ◆ 快適自己ペースとは

　運動にともなう感情の変化を調べる際，運動強度をどのように設定するかは
重要なことであり，これまで低強度，中等度強度，高強度のさまざまな相対的
運動強度や運動者自身が設定する自己選択の運動強度が用いられてきた．しか

し，これらの運動強度に対する関心は運動にともなう感情の変化や効果を調べるためだけにあり，運動後のポジティブな感情の変化量の最大化や運動の継続化を目的としたものではない。筆者ら（1993；1995；1996；2000）はこれらのポジティブな感情の最大化と運動の継続化という2つの点に着目して，快適自己ペース（Comfortable Self-Established Pace：CSEP）という主観的な運動強度を提唱している。そこでここでは，この快適自己ペース（CSEP）の発想，利点，設定法について述べることにする。

1 快適自己ペース（CSEP）の発想
1）ウォーキングやランニング愛好者のペース

　周囲2kmの公園をランニングで周回している人たちの公園1周に要する所要時間を計測した結果，ほとんどの人が1周目と2周目に要する時間はほぼ同一であった。この人たちはどのようにしてこの一定のペースをつかんでいるのであろうか。決して，運動科学者などの専門家からそのペースを教わったものではないことは想像に難くない。何回かランニングを行っているうちに，自然と自分なりのペースを身につけたものと思われる。彼らはランニングの効果を求めてそのペースを採択しているのではなく，各人の心と体にとってもっとも自分に合ったペースをつかみ，ランニングを楽しみ，そして継続しているのであろう。もし，専門家が「そのペースでは効果が得られないので，もっと速いペースで走りなさい」，あるいは「安全のためにもう少し遅いペースで走りなさい」とアドバイスをしたとしても，彼らはそのペース（運動強度）を採用しないだろう。毎日運動を楽しく，気持ちよく実践するためには，個々人に合った運動強度が一番よいわけで，それゆえ続けられるのである。

　そこで，ランニング愛好者たちが経験則で培ったこの一定のペースこそ運動の継続化に役立つのではないかと考えた。人は「快」を感じる対象には接近し，採択するが，不快を感じる対象からは回避し，排除する傾向にある。このように，行動の選択には「快―不快」の原理が働いているといっても過言ではない。よって，ランニング愛好者が継続しているペースは「快」の対象として受け入

れられていることになるだろう。そして，このペースでのランニング遂行の結果として，ポジティブな感情が得られていることが推測される。このことはランニングだけでなく，ウォーキングやサイクリングなどの単一様式運動にも当てはまるであろう。

　そこで，この自己選択・自己決定型の主観的な運動強度を「快適自己ペース（CSEP）」と称し，運動処方のパラダイムの転換を図ることを意図した。つまり，運動処方の主眼を運動の効果のみに置くのではなく，運動の継続化を第一義にし，その結果として運動の効果をめざすというものである。この快適自己ペース（CSEP）で行うランニングを快適自己ペース走（Comfortable Self-Paced Running：CSPR），ウォーキングを快適自己ペース歩行（Comfortable Self-Paced Walking：CSPW）と，称することにした。

2）「快適」の意味

　快適とは，「ぐあいがよく気持ちはよいこと（『広辞苑』，1986）」と記されているように，感情状態を表す用語である。しかし，快適自己ペース（CSEP）で用いる「快適」の意味は決してぐあいがよい，気持ちがよい，心地よい，楽しいなどといった感情状態を意味しているのではない。運動遂行の結果としてそのようなポジティブな感情が表出してくるかもしれないが，自己ペースに「快適」の冠をつけた理由は，人々が固有にもっている一定のペースをつかませるためにある。気持ちよいペースとか心地よいペースというのはつかみにくいし，実際には抽象的でわかりにくい。建築学の分野で用いられる「快適な空間」や「快適な色彩」という場合の「快適」は，決して感情状態をいい表していないと思われる。ここで用いられている「快適」とは，いい換えれば，違和感がないとか不快を感じないということで，違和感のない空間や不快でない色彩ということになる。これと同様に，快適自己ペース（CSEP）で用いられる「快適」はこの違和感のない，あるいは不快を感じないというペースということである。ランニングやウォーキング中に不快を感じないペース（運動強度）は存在すると考え，その運動強度を設定するために，「快適」を自己ペースの冠に付けたわけである。したがって，運動後の感情はネガティブにならず，

むしろポジティブになることが推測される。つまり、快適自己ペース（CSEP）という自己決定した主観的な運動強度は、運動後にポジティブな感情が増加する運動強度の設定法ということになるであろう。

ところで、性格の研究でさまざまな動作の課題を用いて、快を感じるテンポの研究が行われてきた（三島、1951：杉之原・相浦・松田、平、1982）。打叩、メトロノーム、読書などの同一課題を用いて快適なテンポで動作を行わせると、その速さには一貫性が認められる。この動作の速さを精神テンポ（メンタルテンポ：気持ちのよい速さ）といわれている。つまり、人には快を感じる一定のテンポが存在するということであり、歩行やエルゴメーターの課題を用いても検証されている。よって、精神テンポと快適自己ペース（CSEP）は同じことをいっているのかもしれない。しかし、前述したように、快適自己ペース（CSEP）はポジティブな感情を最大化するための運動強度の設定法としてネーミングされたものであり、精神テンポとは意味が異なる。またテンポとペースはどちらも速さを意味するが、運動強度の設定法に用いる場合、「精神テンポを探してください」というより、「不快を感じない快適なペースを探してください」と言語教示したほうがわかりやすいし、「快」を用いることによって、快適自己ペース（CSEP）は心理学的指標としてだけでなく、心理生理学研究の対象ともなるであろう。

2 快適自己ペース（CSEP）の利点

快適自己ペース（CSEP）は個々人の体力を基準とした相対的運動強度による効果を重視する運動処方とは根本的に異なり、運動者の意思や感情を重視し、運動の継続化を考慮に入れた運動強度の設定法である。相対的運動強度で運動が処方された場合、運動強度を変更することは基本的にできない。しかし、運動者の日々の体調や運動中の心理状態は刻々と変化するので、指定された運動強度を維持することは不可能である。それを遵守すれば、運動後のポジティブな感情状態は低下するであろう。よって、運動者が自由に運動強度を選択し、変更できる運動強度、それが快適自己ペース（CSEP）なのである。

第 5 章　自己選択・自己決定された運動強度

表 5-1　快適自己ペース（CSEP）の利点

1. CSEP には個人差があり，自分で選択できる
2. CSEP はその日の体調や気分の状態で変更できる
3. CSEP は快適な状態を維持するために運動中に変更できる
4. CSEP での運動はつねにポジティブな感情をもたらす
5. CSEP は運動継続を導く可能性がある

　快適自己ペース（CSEP）の利点を表 5-1 に示した。快適自己ペース（CSEP）には個人差があり，日々の体調や運動中でも変更できる。また，運動中や運動後にネガティブな感情は生起せず，つねにポジティブな感情を獲得できる可能性がある。いわゆる運動後の「気分のよい状態」を味わうことができる。運動によるポジティブな感情の獲得は運動に対する好意的態度の形成に役立ち，運動の継続化を導く可能性があるといえる。

　実際に定期的に運動を行っている人は，快適自己ペース（CSEP）に近い強度で行っていると推察され，メンタルヘルスの改善や向上に向けた新たな運動処方を考えるとき，快適自己ペース（CSEP）は実用可能な主観的な運動強度として用いることは可能であろう。

3　快適自己ペース（CSEP）の設定法

　快適自己ペース（CSEP）は，「心と体と相談しながら快適と感じるスピードを探してください。しかし，ここでいう"快適"というのは"不快を感じない"という意味です」という言語教示を用いて設定する。トレッドミルや自転車を用いて行われる有酸素性運動ではペースを速くしたり遅くしたりして快適自己ペース（CSEP）を調節することができるので，普段運動している者は 4〜5 分も行えば不快を感じないペースをつかめるだろう。しかし，非運動者の場合は，快適自己ペース（CSEP）が安定するまでは数回の試行が必要と思われる。

　また，フィールドで快適自己ペース（CSEP）をつかませる方法としては，

校庭や陸上競技場のトラックか路上の電信柱や建物を用いることが考えられる。トラック，電信柱，建物の一定の距離や区間を定め，ランニングやウォーキングを行い，それに要する運動時間を計測する。何度も快適自己ペース（CSEP）を探しながら運動を行っていると，所要時間はほぼ一定となっていくであろう。このときのペース（スピード）が個々人の快適自己ペース（CSEP）となるのである。

3節 ◆ 快適自己ペース（CSEP）の理論的背景

40年以上にわたり運動とメンタルヘルスに関する研究が行われているにもかかわらず，その改善・向上のための運動処方はいまだ確立していない。バーガー（Berger, 1983）は，先行研究から得られた知見にもとづき，ストレス低減をもたらす運動の要件として，① 反復性，② 連続性，③ 20〜25分間の時間，④ 中等度の運動強度，⑤ 非競争性，⑥ 自己選択された楽しさ，⑦ 週間スケジュールのなかに組み込まれた規則性，⑧ 快適な環境，をあげている。総花的ではあるが，運動の継続化と心理的効果を考えたとき，「自己選択された楽しさ」や「中等度の運動強度」などは参考になる。また，サイム（Sime, 1996）もメンタルヘルスの改善の要件として，活動の「楽しさ」と「好み（自己選択）」をあげている。さらには，ウォンケル（Wankel, 1993）は身体活動の継続と心理的効果の重要な要因として「楽しさ」をあげ，文献研究を行い，その裏づけを行っている。

そこでここでは，運動の継続化と心理的効果に役立つと思われる「楽しさ」「中等度強度」「自己選択」に関係する理論として，「フロー（flow）」「最適覚醒水準（Optimal level of arousal）」「自己決定（Self-determination）」の理論をとり上げ，快適自己ペース（CSEP）の理論的背景とする。

1 フロー理論

チクセントミハイ（Csikszentmihalyi, 1975；1990）は，スポーツ活動，

第5章　自己選択・自己決定された運動強度

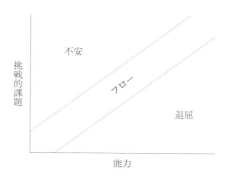

図5-2　フロー・モデル

ゲーム，仕事などでしばしば体験されるポジティブな心理状態を「フロー（flow）」という概念を用いて説明している。フローとは，「全人的に行為に没入しているときに人が感じる包括的な感覚」をいい，フロー体験は行為そのものが自己目的的活動となっており，内発的に動機づけられているときに体験されるものである。そして，フローの活動では，楽しい体験が生まれることが基本的機能となっている。また，このフロー状態が得られる条件は，図5-2に示すようなフロー・モデルで説明される。つまり，フロー状態は自己の能力と挑戦する課題が合致しているときに体験され，自己の能力より挑戦する課題が難しいときは不安を感じ，それがやさしいときは退屈するというものである。つまり，フロー状態以外のゾーンはネガティブな感情状態となることになる。運動・スポーツ科学の分野でのフローに関する研究は多いとはいえないが，スポーツ競技者にみられるフローの状態は，ジャクソン，キミエシック，フォード，マーシュ（Jackson, Kimiecik, Ford & Marsh, 1998）の研究でも確認されている。運動の継続化やメンタルヘルスへの効果を考える際，この楽しみの状態を意味するフローの概念はきわめて重要な視点と思われる。

　仮に，挑戦する課題をランニングやウォーキングの速さとして，自己の能力を身体的能力とすれば，この両者が合致するゾーンが快適自己ペース（CSEP）の運動強度に相当すると考えられ，フロー理論を快適自己ペース（CSEP）の

理論的背景の1つとする理由である。

2　脳の覚醒水準とパフォーマンスの逆U字曲線仮説

運動学習場面やスポーツ場面において，脳の覚醒水準とパフォーマンス間に逆U字曲線の関係（逆U字型）が認められる（Landers, 1980）ことが知られている。この逆U字曲線仮説は，課題のパフォーマンスは脳の覚醒水準が高まるにつれて徐々に増加するが，覚醒水準が高い興奮状態へと増加し続けると，逆にパフォーマンスは減少する（Landers, 1980）ということを示している（図5-3）。つまり，最高のパフォーマンスを発揮する最適な覚醒水準があることを意味する。なお，最適な覚醒水準は課題の難易度や個々人のパーソナリティ（特性不安や外向性・内向性）において異なることも指摘されている（Williams, 1998）。

運動処方において個人差や動機づけ水準を考える際，この逆U字曲線仮説はきわめて重要であり，横軸の脳の覚醒水準は動機づけや運動ストレス（強度）に置き換えることも可能である。また，すでに図5-1で示した運動強度

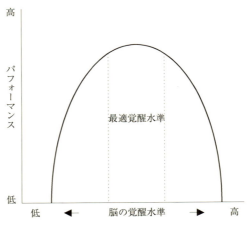

図5-3　脳の覚醒水準とパフォーマンス間の逆U字曲線の関係

と感情の恩恵の関係はこの逆U字型あるいはJ字型であることが仮説的に示されながらも，この至適運動強度を明らかにするどころか，その存在すら検証されるに至っていない。この理由は，最大の感情の恩恵をもたらすための運動強度として相対的運動強度に依拠した方法論を用いて探索しているためと考えている。運動にともなうポジティブな感情を最大化させる方法論として，著者らはポジティブな感情を最大化させるための至適運動強度として，演繹的に快適自己ペース（CSEP）を提唱しているわけである。それゆえ，運動強度と感情の恩恵の逆U字曲線仮説は意味があり，快適自己ペース（CSEP）の理論的根拠としている所以である。

3　自己決定理論

デシとライアン（Deci & Ryan, 1985）は内発的動機づけの中心概念の1つに「自己決定」を用いている。自己決定とは「自己の意志を活用する過程」であり，主体性，自主性，自発性などと関係する概念である（桜井，1995）。自己決定や自己選択を行うことのできる自由が与えられた場合は，自由が統制された場合より内発的動機づけは高いことが明らかにされている（桜井，1995）。デシとライアン（Deci & Ryan, 1985）はこの自己決定的な活動と統制された活動の違いについて，人は活動についてより大きな選択的感覚をもつとき，その活動は葛藤やプレッシャーはなく持続されるが，統制された活動では大きな緊張やプレッシャーがかかり，ネガティブな情動状態となると述べている。

自己決定理論にもとづく研究ではないが，ソンプソンとウォンケル（Thompson & Wankel, 1980）は，運動プログラムへの参加率について，活動の自己選択と標準的なプログラムを比較した結果，自己選択のほうがより参加率が高いことを明らかにしている（図5-4）。このように，指定された運動より自己決定や自己選択された運動のほうが継続に役立ち，この運動者の意志を尊重した方法を運動処方にとり入れることは重要と思われる。快適自己ペース（CSEP）とはまさに，自己決定・自己選択型の主観的な運動強度であり，相対的運動強度を用いるより運動の継続化に役立つと考えられる。よって，自己決

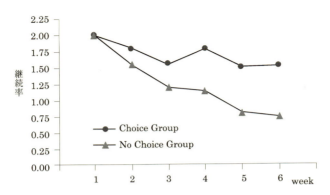

図5-4　自己選択と非自己選択による運動プログラムの継続率の比較（Wankel, 1993）

定理論を快適自己ペース（CSEP）の理論的背景の1つとする理由である。

以上，述べたように，快適自己ペース（CSEP）の理論的背景として，フロー理論，脳の覚醒水準とパフォーマンスの逆U字曲線仮説，そして自己決定理論の3つを援用することにしている。

文献

アメリカスポーツ医学会（編）　日本体力医学会体力科学編集委員会（監訳）（2011）運動処方の指針――運動負荷試験と運動プログラム 原書第8版　南江堂

American College of Sports Medicine（2011）Position Stand: The recommended quantity and quality of exercise for developing and maintaining cardiorespiratory and muscular fitness, and flexibility in healthy adults. *Medicine & Science in Sports & Exercise*, 43: 1334-1359.

Berger, B.G.（1983）Stress reduction through exercise: The mind-body connection. *Motor Skills: Theory into Practice*, 7（1）: 31-46.

Borg, G.A.（1974）Percieved exertion. *Exercise & Sport Sciences Reviews*, 2:131-154.

Boutcher, S.H. & Trenske, M.（1989）The effects of sensory deprivation and music on perceived exertion and affect during exercise. *Journal of Sport & Exercise Psychology*, 12: 167-176.

チクセントミハイ，M.（著）　今村浩明（訳）（1979）楽しみの社会学――不安と倦怠を超えて　思索社（Csikszentmihalyi, M.（Ed.）1975. Beyond boredom and anxiety. Jossey-

Bass, Inc., Publishers.)

チクセントミハイ, M（著） 今村浩明（訳）（1996）フロー体験――喜びの現象学 世界思想社（Csikszentmihalyi, M.（Ed.）1990. Flow: The psychology of optimal experience. Haepercollins.）

Deci E.L. & Ryan, R.M.（Eds.）（1985）Intrinsic motivation and self-determination in human behavior. New York: Plenum press.

Dishiman, R.K., Farquhar, R.P. & Cureton, K.J.（1994）Responses to preferred intensities of exertion in men differing in activity levels. *Medicine & Science in Sports & Exercise*, 26:783-90.

Ekkekakis, P. & Petruzzello, S.J.（1999）Acute aerobic exercise and affect: Current status, problems and prospects regarding dose-response. *Sports Medicine*, 28: 337-374.

Ekkekakis, P., Hall, E.E., Van Landuyt, L.M. & Petruzzello, S.J.（2000）Walking in (affective) circles: Can short walks enhance affect? *Journal of Behavioral Medicine*, 23: 245-275.

Ekkekakis, P., Hall, E.E. & Petruzzello, S.J.（2005）Variation and homogeneity in affective responses to physical activity of varying intensities: An alternative perspective on dose-response based on evolutionary considerations. *Journal of Sports Sciences*, 23: 477-500.

Emmons, R.A. & Diener, E.（1986）A goal-affect analysis of everyday situational choices. *Journal of Research in Personality*, 20: 309-326.

Guthold, R., Ono, T., Strong, K.L., Chatterji, S. & Morabia, A.（2008）Worldwide variability in physical inactivity a 51-country survey. *American Journal of Preventive Medicine*, 34: 486-94.

Ham, S.A., Kruger, J., Tudor-Locke, C.（2009）Participation by US adults in sports, exercise, and recreational physical activities. *Journal of Physical Activity & Health*, 6: 6-14.

Hill, D.W., Cureton, K.J., Grisham, S.C. & Collins, M.A.（1987）Effect of training on the rating of perceived exertion at the ventilatory threshold. *European Journal of Applied Physiology & Occupational Physiology*, 56: 206-11.

橋本公雄・德永幹雄・高柳茂美・斉藤篤司・磯貝浩久（1993）快適自己ペース走による感情の変化に影響する要因――ジョギングの好き嫌いについて スポーツ心理学研究, 20(1) : 5-12.

橋本公雄・斉藤篤司・德永幹雄・高柳茂美・磯貝浩久（1995）快適自己ペース走による感情の変化と運動強度 健康科学, 17: 131-140.

橋本公雄・斎藤篤司・徳永幹雄・花村茂美・磯貝浩久（1996）快適自己ペース走に伴う運動中・回復期の感情の変化過程　九州体育学研究，10（1）: 31-40.

橋本公雄（2000）運動心理学研究の課題——メンタルヘルスの改善のための運動処方の確立を目指して　スポーツ心理学研究，27: 50-61.

Jackson, S., Kimiecik J.C., Ford, S.K. & Marsh, H.W. (1998) Psychological correlates of flow in sport. *Journal of Sport and Exercise Psychology*, 20: 358-378.

新村　出（編）（1986）広辞苑 第3版　岩波書店

Landers, D.M. (1980) The arousal-performance relationship revisited. *Research Quarterly*, 51: 77-90.

三島二郎（1951）精神テンポの恒常性に関する基礎的研究　心理学研究，22（1）: 12-28.

Ojanen, M. (1994) Can the effects of exercise on psychological variables be separated from placebo effects? *International Journal of Sport Psychology*, 25: 63-80.

Rejeski, W.J. & Ribisl, P.M. (1980) Expected task duration and perceived effort: An attributional analysis. *Journal of Sport Psychology*, 2: 227-236.

Robertson, R.J. & Noble, B.J. (1997) Perception of physical exertion: Methods, mediators, and applications. *Exercise & Sport Sciences Reviews*, 25: 407-52.

Rodes, R.E., Warburton, D.E.R. & Murray, H. (2009) Characteristics of physical activity guidelines and their effect on adherence: A review of randomized trials. *Sports Medicine*, 39: 355-75.

桜井茂男（1995）自己決定と動機づけ　新井邦二郎（編著）教室の動機づけの理論と実践　金子書房　pp.112-129.

Spelman, C.C. (1993) Self-selected exercise intensity of habitual walkers. *Medicine & Science in Sports & Exercise*, 25: 1174-1179.

Sime, W.E. (1996) Guidelines for clinical applications of exercise therapy for mental health. In J.L.V., Raalte, W.B. Brewer (Eds.), Exploring sport and exercise psychology. (pp.170-171.). American Psychology Association, Washington D.C.

Steptoe, A. & Cox, S. (1988) Acute effects of aerobic exercise on mood. *Health Psychology*, 7: 329-340.

杉之原正純・相浦義郎・松田俊一・平　伸二（1982）精神テンポに関する基礎研究（7）　広島修大論集，23（2）: 119-134.

Thompson, C.E. & Wankel, L.M. (1980) The effect of perceived activity choice upon frequency of exercise behavior. *Journal of Applied Social Psychology*, 10（3）: 436-443.

Yeung, R.R. (1996) The acute effects of exercise on mood state. *Journal of Psychosomatic Research*, 40: 123-141.

Van Landuyt, L.M., Ekkekakis, P., Hall, E.E. & Petruzzello, S.J. (2000) Throwing the mountains into the lakes: On the perils of nomothetic conceptions of the exercise-affect relationship. *Journal of Sport & Exercise Psychology*, 22: 208-234.

Wankel, L.M. (1993) The importance of enjoyment to adherence and psychological benefits from physical activity. *International Journal of Sport Psychology*, 24: 151-169.

Whaley, M.H., Woodall, T., Kaminsky, L.A. & Emmett, J.D. (1997) Reliability of perceived exertion during graded exercise testing in apparently healthy adults. *Journal of Cardiopulmonary Rehabilitation*, 17: 37-42.

Williams, M. (Ed.) (1998) Applied sport psychology: Personal growth to peak performance. Mayfield Publishing Company, CA. p.207.

第6章
快適自己ペースの運動強度

前章では，運動にともなう感情の変化をみる際の運動強度として，相対的運動強度とは異なる自己選択・自己決定型の主観的な快適自己ペース（CSEP）の概念や理論的背景について解説した。本章では，運動強度と感情の関係およびポジティブな感情の増加を最大化するための至適運動強度の設定法としての快適自己ペース（CSEP）の運動強度について，ランニングを用いた実証的研究にもとづく結果を提示することにする。

1節 ◆ 運動強度と感情の関係

1　運動強度と感情応答の量反応関係

　身体活動時の運動強度は少なくとも2つの点で運動継続にかかわるとされている（Ekkekakis, Hall & Petruzzello, 2004）。1つは，その運動強度がいかに快適と感じられるかということである。高強度の運動は快感情の低下あるいは不快感の増大をもたらし，高強度の運動を処方された場合，低・中強度の運動を処方された場合に比べ，運動継続の割合が低かったことも報告されている（Cox, Burke, Gorely, Beilin & Puddey, 2003 ; Perri, Anton, Durning, Ketterson, Sydeman, Berlant, Kanasky, Newton, Limacher & Martin, 2002 ; Lee, Jensen, Oberman, Fletcher, Fletcher & Raczynski, 1996）。もう1つは，運動強度は運動により得られる健康や体力の改善・向上の範囲を決定するということである。一般に運動プログラムに参加する人は運動に対する有益性に対し，高い期待をもっており，しかも，それが比較的短期間に満たされない場合，ドロップアウトの可能性が高まるとされる（Desharnais, 1987）。したがって，運動の継続に重要となるのは，快—不快という心理的側面と運動にともなう健康や体力の改善という生理的側面がどのようにかかわるかということである。

　運動強度と感情の応答間の量反応関係のモデルは，逆U字を示すとされてきた。つまり，中等度の強度の運動はポジティブな感情をもたらすうえで，最適な刺激であり，低強度の運動ではその影響は低くなり，高強度の運動は不快

な経験をもたらす（Ojanen, 1994）。運動の継続を考えた場合，運動により気分がよくなることも重要な要因であろう。しかし，誰もが快適になるような運動強度は存在するのであろうか。60% $\dot{V}O_2max$ で，30分間の自転車エルゴメーターを用いたサイクリングにおいて，運動中7分から27分まで5分ごとに感情（Feeling Scale：FS）を測定した結果，平均値ではポジティブな感情を維持することが示されている。しかし，被験者個々にみてみると，感情の得点が増加したものが44.4%で，41.3%は低下しており，残りの14.3%は変わらなかったことが報告されている（Van Landuyt, Ekkekakis, Hall & Petruzzello, 2000）。健康や体力づくりのために推奨されている中程度の強度は，等しく運動者にポジティブな感情をもたらすものではないことは明らかである。

　これに対し，エケカキスら（Ekkekakis & Petruzzello, 1999；Ekkekakis, Hall & Petruzzello, 2005a）は運動強度が個人間で生理的に等価ということは，強度を一定の代謝的側面から定義しなければならないとした。つまり，個々の最大作業能力に対する相対的強度ではなく，換気性閾値（Ventilatory Threshold：VT）や乳酸性閾値（Lactate Threshold：LT）といわれる代謝の変移点を生理的な同一強度とし，これに対する感情の応答を検討することを提案

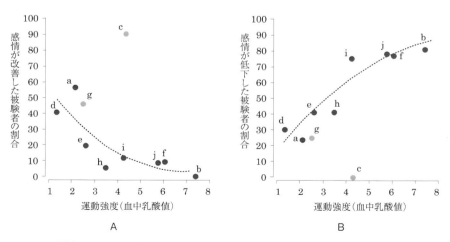

図6-1　運動終了時の血中乳酸値とFSの増加（A）もしくは減少（B）した者の割合

した。そして，図6-1に示すように，さまざまな研究結果（a～j）から，運動強度（血中乳酸値）と感情（FS得点）の関係について，感情が増加した者と減少した者の割合を示した（Ekkekakis, Parfitt & Petruzzello, 2011）。

　運動強度と感情の関係は逆U字というより，指数曲線か，もしくは変移点のある2つの直線の合成にもみえる。そして，LTやVTは感情の低下が始まる強度であり，血中乳酸値が4mmol/l（Onset of Blood Lactate Accumulation：OBLA）を越えると，一定の運動強度を保つことが難しくなり，ネガティブな感情を呈する，としている。

2　自己選択強度の運動と感情の応答

　自己選択強度（Self-selected exercise intensity）の運動を用いた研究においても，その運動強度を表す言葉はさまざまである。エケカキスら（Ekkekakis & Lind, 2006a, Ekkekakis, Lind & Joens-Matre, 2006b）は「preferred（好みの）」を用い，被験者に対し，「liked（好きな）」「enjoyed（楽しい）」「comfortable（快適な）」「beneficial（有益な）」という言葉で，説明している。また，パーフィットら（Parfitt, Rose & Burgess, 2006；Rose & Parfitt, 2007；Rose & Parfitt, 2012）は「prefer that can be sustained for 20 minutes and that you would feel happy to do regularly」というように，単に好みだけではなく，継続して行える強度という言語で強度を指示している。いずれの研究においても，運動の継続を目的とし，さまざまな運動強度に対する感情の応答を検証していることから，強度に対し，好意的な態度を表す言語教示がなされてきた。

　このような知覚にもとづく，自己選択強度での運動では，処方された強度での運動の強度と同一もしくは，それを上回ったとしても，よりポジティブな感情応答を示している（Parfitt et al, 2006；Rose & Parfitt, 2007）。とくに低強度（LT以下）と高強度（LT以上）の運動と，自己選択強度での運動時のポジティブな感情の変化について示した研究では，高強度の運動では被験者の83％が低下し，低強度の運動では個人差が大きかった（58％が増加，25％が低下，17％が不変）。これに対し，自己選択強度の運動では92％が増加し，運動

時のポジティブな感情に対し，生理的な強度の高低ではなく，強度を自己選択すること自体が重要である可能性が示されている。前述した運動強度と感情の関係の図中（図6-1）に1点だけ曲線から外れている値（c）がある。これはトレッドミルにおいて，自己選択強度で20分間の運動を行った際の結果である（Parfitt, Rose & Burgess, 2006）。自己選択強度の運動では，運動中10分，および20分の血中乳酸値がそれぞれ，3.72，4.34mmol/l を示したにもかかわらず，もっともポジティブな感情を示した。同様に，自己選択された運動強度（71% $\dot{V}O_2max$）が処方された場合の運動強度（65% $\dot{V}O_2max$）よりも高かったにもかかわらず，主観的運動強度（RPE）や感情に差が認められなかったという報告（Parfitt, Rose & Markland, 2000）もあり，自己選択強度で行った場合，感情の応答はまったく変わってくる，とされている。

　また，自己選択強度での20分間の運動中，5分ごとに強度を調整した結果，時間とともに% $\dot{V}O_2max$ や心拍数といった運動強度は増大したにもかかわらず，感情（Feeling Scale：FS）はポジティブなまま一定であった（Ekkekakis & Lind, 2006a）。そして，興味深いことに，自己選択強度での運動と，同一強度の運動を処方されて運動した場合，生理的運動強度は同一で運動しているにもかかわらず，自己選択強度のほうが運動中のポジティブな感情が高く，FSで約1ポイント高かったのである（Hamlyn-Williams, Freeman & Parfitt, 2014）。FSが1ポイント高まると6カ月後に38分／週，12カ月後に41分／週，身体活動量が増加するという報告もあり（Williams, 2008），自己選択強度での運動の運動継続への期待が大きい。

2節 ◆ 至適運動強度の設定法としての快適自己ペース

1　快適自己ペース（CSEP）と生理的閾値

　自己選択強度の運動がポジティブな感情をもたらす可能性を示してきたが，では運動を生理的強度による指示ではなく，「快適ペース」といった知覚により指示した場合，運動強度はどのようになるのであろうか。ローズとパー

フィット（Rose & Parfitt, 2008）が興味深い試みを行っている。感情の指標としてFSを用い，30分間のトレッドミルを用いた運動において，FSがつねによい（+3, good）およびややよい（+1, fairly good）になるように指示して運動を行わせた。その結果，FSの値は一定のまま，運動強度は漸増し，両運動とも％HRmaxで約10％の増加を示した。また，FS1のほうがつねにやや高い運動強度を示した（図6-2）。

　これらの強度は被験者個々の換気性閾値（VT）より，やや高いが近似していた。また，この研究に先立って行われた，自己選択強度とVT前後の運動強度を比較した研究において，自己選択強度がVT強度に相当し，その際のFSは+2～+4の間で安定していた。

　したがって，運動強度を指示する際，自己選択もしくは知覚ベースでの指示は，運動に対する好意的態度をもたらしながら，生理的にも有効な運動を提供する可能性が示されている。しかし，VT強度の運動に対する感情の応答は個人によりさまざまであり（Parfitt, Rose & Burgess, 2006；Ekkekakis, Lind, Joens-Matre, 2006b），生理的に同一強度であったとしても感情の応答は必ずしも同一とは限らない。VT強度のような生理的強度で運動が指示された場合，個人によっては低いポジティブな感情もしくはネガティブな感情をもたらし，

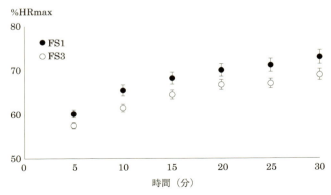

図6-2　FSがよい（FS3）とややよい（FS1）で
運動した際の運動強度（％HRmax）

第 6 章　快適自己ペースの運動強度

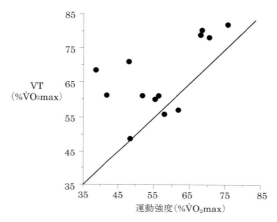

図 6-3　快適自己ペースで運動した際の
運動強度と VT 強度との関係

このような体験は次の運動への期待を低下させるであろう。

　しかし，ポジティブな感情が高くなることは望ましいが，生理的運動強度が危険なほど高まるとすると，問題である。これに対し，LT あるいは VT は，この閾値を境に内受容性の信号（筋や心臓，肺の圧受容器や温度受容器，内臓受容器からの信号）が顕著になり，身体への有害性と運動中止の「合図」としてネガティブな感情をもたらすとしている（Rose & Parfitt, 2007）。そして，この「合図」には個人差が少なく，運動に対する急性の感情応答の決定要因とされている。疲労困憊までの漸増負荷試験において，1 分間ごとに感情（FS）を測定したところ，VT の直後から明らかにポジティブな感情が低下し，疲労困憊時に最低となったことが示されている（Hall, Ekkekakis & Petruzzello, 2002）。

　快適自己ペース（CSEP）での個々のランニング時の運動強度（% $\dot{V}O_2max$）と VT に相当する運動強度（% $\dot{V}O_2max$）の関係をみた結果，図 6-3 に示すように，多くが VT もしくはそれ以下で走行していた（斉藤・橋本・高柳，1994）。つまり，ポジティブな感情の低下もしくは，ネガティブな感情の生起は生理

111

的な閾値とかかわり,危険として知覚することから,快適自己ペース(CSEP)の運動において危険性は低く,運動の継続に寄与すると思われる。

2 快適自己ペース(CSEP)の運動強度と一貫性

日常,定期な身体活動を行っていない人の場合,自分の運動強度を正確に評価することができず,過大評価してしまう傾向にある(Duncan, Sydeman, Perri, Limacher & Martin, 2001)。つまり,運動強度を「中等度の強度」で,といった指示では至適強度が得られず,その結果,高いポジティブな感情も得られるとはかぎらないことから,運動の継続に結びつかない可能性がある。これに対し,快適自己ペース(CSEP)の強度が前述のような閾値にもとづくなら,その相対的強度は個人内で再現性を示し,これが繰り返されることによって,ポジティブな感情が得られ,運動継続へとつながるはずである。運動中に体験するポジティブな感情は運動後のポジティブな感情にかかわることが示されていることから(Gauvin, Rejeski, Norris & Lutes, 1997),このような快適経験が運動に対するポジティブな記憶を促し,運動継続へ導く可能性がある。もちろん,快適自己ペース(CSEP)はその日の気分や体調による変化を包含する強度であるから,必ずしも一定の生理的強度が再現される必要はない。しかし,快適自己ペース(CSEP)のような,知覚ベースの強度設定が,一度だけの運動に対する応答なのか,繰り返し行ったとしても,同様に得られるかは,運動の継続にかかわるため,重要であろう。

多くの研究が自己選択強度の運動の運動強度や感情を報告してきたが,ほとんどの研究が,1回のみの試行であり,再現性の有無を検証した研究は少ないようである。運動習慣のない女性に対し,FS得点が+1(ややよい,fairly good)および+3(よい,good)と感じる強度での30分間のトレッドミル運動を1週間以上の間隔で4回行った研究がある(Rose & Parfitt, 2008)。4回の運動強度をみてみると,FS1では30分間の平均値で66.5～69.4% HRmax,FS3で63.0～65.3% HRmaxと,それぞれの強度では,ほぼ同様の強度で運動したことが示されている。RPEにおいても,FS1で11.9～12.3,FS3で

第6章 快適自己ペースの運動強度

11.3〜11.5とより快適な強度ほどその変動は小さく,至適運動強度の存在が示唆される。また,日頃運動を行っていない肥満者と非肥満者を対象に「楽しく歩こう (walking for pleasure)」という運動強度の指示で,芝のトラックでの2kmの歩行を日を変えて2回行ったところ,両群とも,それぞれがほぼ同様のスピードや心拍数,RPEといった運動強度で歩いた (Hills, Byrne, Wearing & Armstrong, 2006)。とくに,肥満者では「楽しく歩こう」が持久力の改善に十分な強度で運動を行ったことが示された。つまり,日頃からとくに運動を行っていなくても,運動強度を知覚ベースで規定すると,一定の強度で

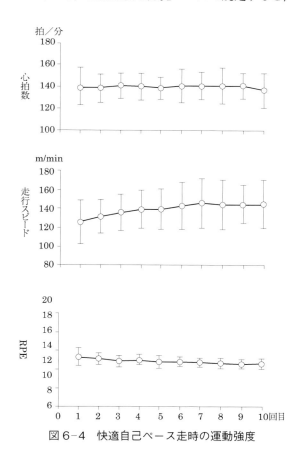

図6-4 快適自己ペース走時の運動強度

運動が可能となる可能性が示された。

そこで、男子大学生19名を対象に15分間の快適自己ペース（CSEP）でのトレッドミル上のランニングを、日を変えて、10回行い、走行時の後半10分間の運動強度（%$\dot{V}O_2max$、心拍数、走行スピード、RPE）を調べた結果、10回の試行をとおして、心拍数138.2～141.8拍／分、54.0～56.8%$\dot{V}O_2max$とほぼ一定のレベルで推移していた（図6-4）（橋本・斎藤・徳永・丹羽、1997）。しかし、心拍数の標準偏差は大きく、「快」を感じる強度は人によって異なることがわかる。VTは測定されていないが、対象が一般の大学生であることを考えると、VTもしくはそれ以下で運動していた可能性がある。また、RPEは10試行をとおして、ほとんどの被験者が11～13（11：きつくない、13：ややきつい）の範囲で応答し、標準偏差も小さかった。心拍数や%$\dot{V}O_2max$が変わ

表6-1　快適自己ペース走における試行間の運動強度指標の相関係数 (n=19)

運動強度指標	1st～2nd	4th～5th	9th～10th
%$\dot{V}O_2max$	.88**	.96**	.95**
走行スピード	.867**	.86**	.95**
心拍数	.82**	.87**	.90**
主観的運動強度	.41**	.42**	.35**

** $p<.01$

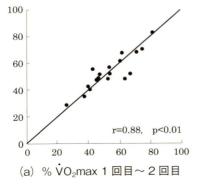
(a) %$\dot{V}O_2max$ 1回目～2回目

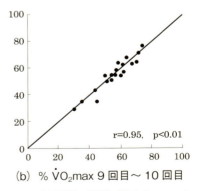
(b) %$\dot{V}O_2max$ 9回目～10回目

図6-5　快適自己ペース走における%$\dot{V}O_2max$の試行間の関係（橋本他、1996）

らないで推移しているところは，前述のローズとパーフィット（Rose & Parfitt, 2008）の研究結果により裏づけられる。このことから，自己選択ペースが個々人にとって一定の強度である可能性が考えられ興味深い結果である。

この10試行の快適自己ペース（CSEP）でのランニング中の運動強度の試行間の相関係数をみたところ，%$\dot{V}O_2max$，走行スピード，心拍数の試行間の相関は1回目と2回目の試行で，すでにr=.82以上の高い相関係数を示し，9回目と10回目の試行では，r=.90以上の非常に高い相関係数が認められた（表6-1）。さらに，その分布はy=xの回帰直線に近似していた（図6-5）。

これらのことから快適自己ペース（CSEP）という運動強度には一貫性が認められ，試行回数が増えるにつれて一定の運動強度になることがわかる。

3　至適運動強度としての快適自己ペース（CSEP）

身体的効果をもたらすための運動処方の原則は，運動の頻度，強度，時間，種類を個々人に合わせて運動プログラムを作成することであり，有酸素性運動での至適運動強度は中等度強度が推奨されている（アメリカスポーツ医学会，2011）。しかし，ここには運動の安全と効果という視点はあっても，運動の継続という視点はない。運動の継続は，運動者の心理に依存することから，運動

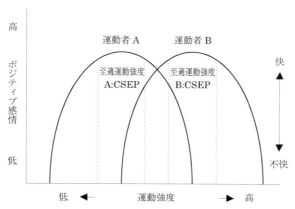

図6-6　快適自己ペース（CSEP）とポジティブ感情の関係

にともなうポジティブな感情の獲得は重要であり，この視点から至適運動強度を考える必要がある。

これに対し，快適自己ペース（CSEP）とポジティブな感情の関係を仮説的に図6-6に示した。縦軸はポジティブな感情のレベルであり，横軸は運動強度を表している。運動者Aと運動者Bとでは選択した快適自己ペース（CSEP）はそれぞれ異なるので，客観的な運動強度は異なることになる。しかし，運動者Aも運動者Bも快適自己ペース（CSEP）は不快を感じないペースであるため，それよりも運動強度が高くても低くても不快を感じることになり，

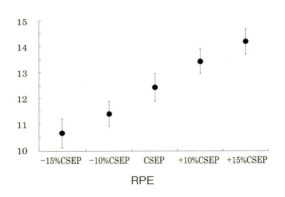

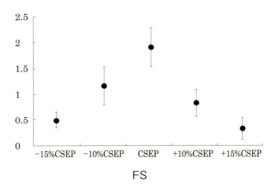

図6-7　CSEPを中心とする5つの運動条件におけるRPEとFS感情得点

快適自己ペース（CSEP）とポジティブ感情の関係は逆 U 字となることが推測される。したがって，快適自己ペース（CSEP）は運動にともなうポジティブな感情を最大化させる至適運動強度の設定法となることが考えられた。

しかし，生理的な運動強度と感情に対する利益の量反応関係の逆 U 字もしくは逆 J 字の関係については，前述したように高強度に対しては効果が低いか嫌悪感をもたらすが，低—中強度の運動に対しては必ずしも量反応関係が認められず，至適強度の存在は明確ではない（Ekkekakis et al., 2005b）。

そこで，男子大学生 12 名を対象にトレッドミル上を 15 分間の快適自己ペースを基準に 5 種類の異なる運動強度で走行させ，運動開始後 15 分の感情（FS）を調べた（丸山，2004）。運動強度は快適自己ペース（CSEP），CSEP より 10％，15％高い強度と，10％，15％低い強度である。その結果，生理的強度の指標である心拍数や RPE は当然 -15％自己選択強度から +15％自己選択強度まで直線的に増加した（図 6-7，上図）。しかし，感情得点は快適自己ペースでのランニング（CSPR）のときに最高値を示し，運動強度が高くなっても低くなっても快感情得点は低下し，明白な逆 U 字型の量反応関係を示すことが認められた（図 6-7，下図）。つまり，ポジティブな感情がもっとも高くなる至適運動強度は存在し，それよりも高くても低くてもポジティブな感情の応答は小さくなるのである。したがって，VT のような生理的に同一強度で，生理的効果に対しては至適であったとしても，個々人により強度の感じ方は異なり，結果としてポジティブな感情がもたらされず，運動継続に結びつかない可能性がある。

文献

アメリカスポーツ医学会（編）　日本体力医学会体力科学編集委員会（監訳）（2011）運動処方の指針——運動負荷試験と運動プログラム 原書第 8 版　南江堂

Cox, K.L., Burke, V., Gorely, T.J., Beilin, L.J. & Puddey, I.B.（2003）Controlled comparison of retention and adherence in home-vs center-initiated exercise interventions in women ages 40-65 years: The S.W.E.A.T. Study (Sedentary Women Exercise Adherence Trial). *Preventive Medicine*, 36: 17-29.

Desharnais, R. (1987) Participants early impressions of a supervised exercise program as a determinant of their subsequent adherence. *Perceptual and Motor Skills*, 64: 847-850.

Duncan, G.E., Sydeman, S.J., Perri, M.G., Limacher, M.C. & Martin, A.D. (2001) Can sedentary adults accurately recall the intensity of their physical activity? *Preventive Medicine*, 33: 18-26.

Ekkekakis, P. & Petruzzello, S.J. (1999) Acute aerobic exercise and affect: Current status, problems and prospects regarding dose-response. *Sports Medicine*, 28: 337-374.

Ekkekakis, P., Hall, E.E. & Petruzzello, S.J. (2004) Practical markers of the transition from aerobic to anaerobic metabolism during exercise: Rationale and a case for affect-based exercise prescription. *Preventive Medicine*, 38: 149-59.

Ekkekakis, P., Hall, E.E. & Petruzzello, S.J. (2005a) Some like it vigorous: Measuring individual differences in the preference for and tolerance of exercise intensity. *Journal of Sport & Exercise Psychology*, 27: 350-374.

Ekkekakis, P., Hall, E.E. & Petruzzeo, S.J. (2005b) Variation and homogeneity in affective responses to physical activity of varying intensities: An alternative perspective on dose-response based on evolutionary considerations. *Journal of Sports Sciences*, 23: 477-500.

Ekkekakis, P. & Lind, E. (2006a) Exercise does not feel the same when you are overweight: The impact of self-selected and imposed intensity on affect and exertion. *International Journal of Obesity*, 30: 652-60.

Ekkekakis, P., Lind, E. & Joens-Matre, R.R. (2006b) Can self-reported preference for exercise intensity predict physiologically defined self-selected exercise intensity? *Research Quarterly for Exercise & Sport*, 77: 81-90.

Ekkekakis, P., Parfitt, G. & Petruzzello, S.J. (2011) The pleasure and displeasure people feel when they exercise at different intensities: Decennial update and progress towards a tripartite rationale for exercise intensity prescription. *Sports Medicine*, 41: 641-71.

Gauvin, L., Rejeski, W.J., Norris, J.L. & Lutes, L. (1997) Failure of acute exercise to enhance feeling states in a community sample of sedentary adults. *Journal of Health Psychology*, 2: 509-523.

橋本公雄・斎藤篤司・徳永幹雄・丹羽劭昭（1997）快適自己ペース走の運動強度とポジティブな感情に及ぼす影響　日本スポーツ心理学会第24回大会研究発表抄録集，B-4．

Hall, E.E., Ekkekakis, P. & Petruzzeo, S.J. (2002) The affective beneficence of vigorous exercise revisited. *British Journal of Health Psychology*, 7: 47-66.

Hamlyn-Williams, C.C., Freeman, P. & Parfitt, G.(2014) Acute affective responses to prescribed and self-selected exercise sessions in adolescent girls: An observational study. *BMC Sports Science, Medicine and Rehabilitation*, 6: 35.

Hills, A.P., Byrne, N.M., Wearing, S. & Armstrong, T.(2006) Validation of the intensity of walking for pleasure in obese adults. *Preventive Medicine*, 42: 47-50.

Lee, J.Y., Jensen, B.E., Oberman, A., Fletcher, G.F., Fletcher, B.J. & Raczynski, J.M.(1996) Adherence in the training levels comparison trial. *Medicine & Science in Sports & Exercise*, 28: 47-52.

丸山真司（2002）長時間運動中の快適自己ペースの調整と感情，運動強度および疲労度との関係　九州大学人間環境学府修士論文

Ojanen, M.(1994) Can the effects of exercise on psychological variables be separated from placebo effects? *International Journal of Sport Psychology*, 25: 63-80.

Parfitt, G., Rose, E.A. & Markland, D.(2000) The effect of prescribed and preferred intensity exercise on psychological affect and the influence of baseline measures of affect. *Journal of Health Psychology*, 5(2): 231-240.

Parfitt, G., Rose, E.A. & Burgess, W.M.(2006) The psychological and physiological responses of sedentary individuals to prescribed and preferred intensity exercise. *British Journal of Health Psychology*, 11(1): 39-53.

Perri, M.G., Anton, S.D., Durning, P.E., Ketterson, T.U., Sydeman, S.J., Berlant, N.E., Kanasky, W.F. Jr, Newton, R.L. Jr, Limacher, M.C. & Martin, A.D.(2002) Adherence to exercise prescriptions: Effects of prescribing moderate versus higher levels of intensity and frequency. *Health Psychology*, 21: 452-8.

Rose, A. & Parfitt, G.(2007) A quantitative analysis and qualitative explanation of the individual differences in affective responses to prescribed and self-selected exercise intensities. *Journal of Sport & Exercise Psychology*, 29: 281-309.

Rose, A. & Parfitt, G.(2008) Can the feeling scale be used to regulate exercise intensity? *Medicine & Science in Sports & Exercise*, 40: 1852-60.

Rose, E.A. & Parfitt, G.(2012) Exercise experience influences affective and motivational outcomes of prescribed and self-selected intensity exercise. *Scandinavian Journal of Medicine & Science in Sports*, 22: 265-277.

斉藤篤司・橋本公雄・高柳茂美（1994）運動による心理的「快」の生理的裏付けと運動処方への応用の検討　体力研究，85: 146-154.

Van Landuyt, L.M., Ekkekakis, P., Hall, E.E. & Petruzzello, S.J.(2000) Throwing the mountains into the lakes: On the perils of nomothetic conceptions of the exercise-affect relationship. *Journal of Spoort & Exercise Psychology*, 22: 208-234.

Williams, D.M. (2008) Exercise, affect, and adherence: An integrated model and a case for self-paced exercise. *Journal of Sport and Exercise Psychology*, 30: 471-496.

第 7 章

一過性運動にともなうポジティブ感情の変化

快適自己ペース（CSEP）は，運動にともなうポジティブ感情の醸成を意図して提唱されている自己選択された自己決定型の主観的な運動強度のことである。本章では，この快適自己ペース（CSEP）の運動強度を用いたランニング，つまり，快適自己ペース走（Comfortable Self-Paced Running：CSPR）にともなうポジティブ感情の変化を調べた研究成果を概観することにする。

1節 ◆ 快適自己ペース走によるポジティブ感情の変化

　1節では，快適自己ペース走にともなう感情の変化過程，快適自己ペース走時の客観的運動強度と感情変化の関係，運動後の感情の変化量と試行回数の関係について述べることにする。

1　運動前・中・後・回復期におけるポジティブ感情の変化過程

　快適自己ペース走にともなう感情の変化を調べるために，男子大学生17名を被験者として，トレッドミルを用いた15分間の快適自己ペース走を実施し，ポジティブな感情を測定した。走行前に「もっとも快適と感じるペースで走行すること」という言語教示を与え，最初の5分間でペース（スピード）を調節させ，その後10分間を自己選択した一定のペースで走行させた。感情尺度は橋本・徳永（1995a）が作成した，快感情，満足感，リラックス感の3因子からなる MCL-S.3（Mood Check List-Short form-3）を用い（第4章参照），運動前後と回復期30分の3回測定した。快適自己ペース走時の後半10分間の運動強度は，RPEで12.6 ± 1.58，心拍数で155.0 ± 20.45拍／分，最大酸素摂取量に対する割合（％$\dot{V}O_2$max）で60.7 ± 9.60 ％$\dot{V}O_2$maxを示した。

　運動にともなう快感情，満足感，リラックス感の変化過程を図7-1に示した（橋本・斉藤・徳永・高柳・磯貝，1995b）。各感情の変化が比較できるように，それぞれの感情の運動前の値を基準にTスコアを算出し，プロットしている。快感情は運動終了後に有意な増加がみられ，その後減少し，回復期30分では運動前値より有意に高かった。満足感も快感情と同様の変化過程を示し

第 7 章　一過性運動にともなうポジティブ感情の変化

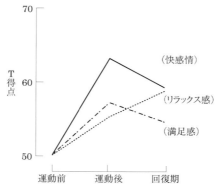

図 7-1　快適自己ペース走にともなう
ポジティブ感情の変化過程（橋本ら，1995b）

たが，回復期 30 分の満足感の状態は運動前値と有意差はなく，ほぼもとの状態に戻っていた。リラックス感は運動終了直後では運動前の値に比べ有意な増加ではなかったが，回復期 30 分ではさらに増加し，有意な差がみられた。

　わずか 15 分の快適自己ペース走で快感情と満足感は運動終了直後に，リラックス感は回復期 30 分に最大になることが明らかにされた。快感情と満足感の変化過程は類似しているが，快感情のほうが満足感より運動後の増加は顕著であり，両感情の増加のピークは運動終了直後にある。しかし，リラックス感は運動終了直後よりさらに回復期において増加し，運動終了から 30 分後の回復期に最高値を示した。このことは，ポジティブ感情の種類によって運動にともなう変化過程は異なることを意味している。また，運動終了後に爽快な心地よい気分・感情になるが，この現象は回復期における快感情，満足感，リラックス感が増加した状態と考えられる。

　この研究ではいくつか補完しなければならない点があった。まず運動中の感情の変化が詳細には調べられていないこと，2 つ目に運動にともなうネガティブな感情（不安感）の変化が調べられていないこと，3 つ目に 15 分間の快適自己ペース走による感情の変化の持続時間が調べられていないことである。

そこで，男子大学生 18 名を被験者に，トレッドミルを用いて 15 分間の快適自己ペース走を実施し，感情の変化過程を詳細に調べることにした（橋本・斎藤・徳永・花村・磯貝，1996b）。感情尺度は運動中の感情状態を測定するため，橋本・徳永（1996a）によって新たに作成された快感情，リラックス感，不安感の 3 因子からなる MCL-S.1（Mood Check List-Short form-1）を用い（第 4 章参照），運動前，運動中（運動開始 5 分後，10 分後），運動終了直後，回復期（運動終了 15 分後，30 分後，60 分後，90 分後）の合計 8 回測定した。なお，言語教示や運動の方法は先の研究と同様である。運動後半 10 分間の快適自己ペース（CSEP）の運動強度は，RPE で 12.1 ± 0.71，心拍数で 146.3 ± 13.83 拍／分，％$\dot{V}O_2$max で 51.9 ± 7.50％ $\dot{V}O_2$max であった。

快適自己ペース走にともなう運動前・中・後および回復期 90 分間の MCL-S.2 尺度得点の変化過程を図 7-2 に示した。

快感情は運動開始後 5 分ですでに有意な増加がみられ，その後運動終了まで漸増し，運動終了直後に増加のピークを示した。増加した快感情は回復期において減少するものの，回復期 60 分まで運動開始前より有意な高値を示した。

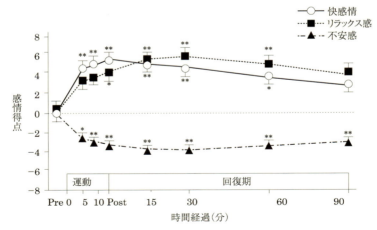

図 7-2　快適自己ペース走にともなう感情の変化過程
(橋本ら，1996b)

リラックス感は運動終了後，回復期30分まで増加し，回復期60分まで運動前値に比し有意に高値を示した。一方，不安感は快感情やリラックス感とは対称的な変化過程を示し，運動中，回復期をとおして減少し，回復期90分においても運動前値に比し有意に低値であった。

　以上示したように，快感情とリラックス感は運動にともない増加するが，前述の研究（図7-1）と同様，変化過程において時間的ずれがみられ，リラックス感は快感情より遅れて増加することが確認された。この増加のピークは快感情が運動終了直後にあるのに対し，リラックス感は回復期30分にあった。また，15分間の快適自己ペース走による運動後の感情への影響は前述の研究（図7-1）では回復期30分まで明らかにされていたが，少なくとも1時間は続くことが明らかとなった。しかし，この持続時間については，運動強度や時間が影響するものと思われる。ラグリンとモーガン（Raglin & Morgan, 1987）は本研究より長い40分間の選択的な運動を行わせ，状態不安の減少が2～3時間続いたことを報告し，シーマン（Seeman, 1978）やモーガン（Morgan, 1985）も激しい運動強度を用いて，状態不安の減少がやはり2～4時間持続したことを報告している。また，セイヤー（Thayer, 1987）は10分間という短時間ではあるが，急歩の運動を行わせ，運動開始から30分後（運動終了後20分）に活気の増加と緊張の減少を見出すとともに，それらは運動後2時間続いていたことを報告している。

　状態不安は激しい運動強度では運動中に増加し，回復期20～30分後に運動前値を下回ることが認められている（Morgan, 1973；Morgan & Horstman, 1976）。しかし，本研究に示されるように，快適自己ペース（CSEP）の運動強度では，不安感は運動中から減少する。よって，この主観的な運動強度では，ネガティブ感情は生ぜず，ポジティブ感情が得られるといえる。また，感情成分によって変化過程は異なるが，15分の快適自己ペース走では，その影響は少なくとも運動終了後60分間は続くといえる。

2 運動にともなう快感情の変化量への試行回数の影響

快適自己ペース走にともなうポジティブ感情の増加とネガティブ感情（不安感）の減少が明らかにされたが，同一被験者に快適自己ペース走を何度か実施させ，同様のポジティブな感情の増加がみられるかどうかを調べる必要がある。

そこで，一般男子大学生 19 名を被験者として，週 1～2 回の間隔で 10 回の快適自己ペース走を行い，快感情の増加量を調べた。快適自己ペース（CSEP）の設定は「トレッドミル上を走行しながら心とからだと相談し，もっとも快適と感じるペースをつかんでください」という言語教示を与え，先の研究と同様，最初の 5 分間でペース（CSEP）を調節させ，その後 10 分間を自己選択した一定のスピードで走行させた。快感情は MCL-S.1 尺度の改訂版 MCL-S.2 尺度（橋本・村上，2011）を用い，運動前と運動終了直後を測定した。

10 試行の快感情の変化量を図 7-3 に示した。運動後の快感情は 10 試行とも有意な増加を示した。11 試行目はトレッドミル上に置かれた椅子に 15 分間座っていただけなので，運動はしておらず，実験終了後に快感情の増加はみられていない。その結果，10 試行における快感情の増加量は，試行回数の影響がみられ，運動後の快感情の変化量は異なった。つまり，快感情の増加量は 1

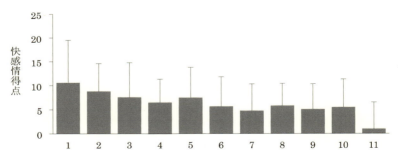

図 7-3　10 試行の快適自己ペース走にともなう快感情の変化量
（ただし，11 試行目はコントロール条件）

回目から 4 回目まで低下し，それ以降では試行間に有意な変化は認められず，一定の快感情の増加が得られた．

　本研究では，快適自己ペース走にともなう運動後の快感情の増加は何回行っても得られることが明らかにされた．しかし，試行の効果がみられ，初期の段階ほど大きな効果が得られた．この結果は学習における初頭効果と類似している．この初頭効果が運動にともなう感情の変化量にもみられるということは非常に興味深い．この理由は被験者の感情面において過剰反応が生じたものと考えられる．実験を行う前は試行回数を増やすたびに快感情の増加量は大きくなると予想していたが，意に反して結果は逆であった．

　しかし，このような感情の初頭効果は 2 つの点において意義がある．1 つは快適自己ペース（CSEP）を用いた場合，運動の初期に大きなポジティブ感情の増加が得られるので，運動に対する好意的態度を形成しやすくなり，次回の運動への動機づけともなるということである．2 つ目は運動にともなう感情の変化に関する研究の方法論的な問題提起をしている．これまでの不安や抑うつの感情を調べた先行研究では練習試行をとらずに実験が行われ，感情の変化に及ぼす運動の効果が指摘されている．だが，これらの研究結果は感情の変化に及ぼす運動の初頭効果のみを測定している可能性がある．よって，今後の研究においては数回の練習施行を行い，感情を測定したうえで，運動の感情に及ぼす影響を調べていく必要があるであろう．ちなみに，これらの実験では被験者には，トレッドミルに慣れるため数回の練習試行はとっている．にもかかわらず，運動にともなう感情変化の初頭効果はみられるのである．

　以上のように，快適自己ペース（CSEP）という主観的な運動強度を用いると，必ず運動後に快感情が得られることが，本研究で明らかとなった．

3　快適自己ペース走時の相対的運動強度の相違と感情の変化

　快適自己ペース（CSEP）は個々人に「快」を感じる固有のペース（スピード）が存在することを意味している．よって，個々人において客観的な運動強度は異なることになる．では，快適自己ペース走を遂行した際，客観的な運動

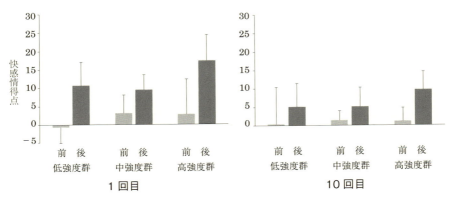

図7-4　快適自己ペース走時の運動強度別にみた快感情の変化

強度が異なっても，運動後にポジティブ感情が得られるであろうか。そこで，快適自己ペース走時の相対的運動強度（%$\dot{V}O_2max$）と快感情の変化の関係をみることにした。実験方法は先の10試行の研究と同一であり，そのときの感情変化のデータを用いた。

各試行の快適自己ペース走時の相対的運動強度（%$\dot{V}O_2max$）をもとに，高強度運動群6名，中強度運動群7名，低強度運動群6名に分類し，運動前後の快感情の変化を調べた。結果を図7-4に示した。いずれの運動強度群も運動終了直後に快感情の有意な増加がみられた。図では，1回目と10回目の試行の結果しか示していないが，10回のすべての試行で快感情は運動後に増加した。このことは，快適自己ペース（CSEP）を用いると，運動者がいかなる運動強度（スピード）で走行したとしても運動後に快感情が得られ，客観的な運動強度に規定されないことを意味している。

運動後の感情変化は運動強度に規定され，指定された高強度の運動では不安感が増加する（Morgan, 1985）ので，ポジティブ感情は醸成されないことが考えられる。また，運動強度が低すぎてもポジティブ感情が醸成されるかどうかはわからない。しかし，快適自己ペース（CSEP）を用いると，客観的な運動強度にかかわらず運動後に快感情は増加されるのである。よって，快適自己

ペース（CSEP）はポジティブ感情を増加する有効な運動方法といえる。このことは同時に，運動後の感情の変化は「どの程度の強度の運動をしたか」でなく，「その運動をどのように感じたか」が意味をもつといわれている（Hardy & Rejeski, 1989）が，快適自己ペース（CSEP）はこのことを検証しているといえる。

2節 ◆ 快適自己ペース走によるポジティブ感情の変化に及ぼす要因

2節では，短時間の運動による感情変化，ランニングの好き嫌いによる感情変化，運動終了直前・直後の感情変化について述べることにする。

1　短時間運動の走行距離の違いによる感情の変化

体育実技授業などで，「さあ！　ランニングしよう」といわれても，喜ぶ者は少ない。それは身体的，精神的な苦痛感をともなうからである。よって，長時間のランニングではその苦痛感を軽減するため，ディソシエーション（分離：ランニング以外のことを考え，気を紛らわすこと）やアソシエーション（連合：身体や呼吸，あるいはランニング自体に意識を向けること）といった方略がとられる（『日本スポーツ心理学事典』, 2008）。ランニングは一般的には好まれない運動であり，実施するにはバリア（障壁）が高い。このバリアを取り除く方法の1つに，運動時間を短縮することが考えられる。そこで，陸上グランドを用いて，900m（300mトラック3周）と2000m（400mトラック5周）の短時間の快適自己ペース走を実施し，短時間運動でもポジティブな感情の増加が得られるかどうかを調べた（橋本・本多・村上, 2012）。

被験者は大学体育実技授業を受講した男女学生の900m群54名，2000m群120名である。走行前に「苦痛感をともなわず，もっとも快適と感じるペースで走行してください」という言語教示を与え，1人ずつ15秒おきにスタートさせ，運動前後にMCL-S.2尺度（快感情，リラックス感，不安感）を用

い，感情を測定した。表7-1に両群の運動強度をランニングスピード，心拍数，％HRmax，RPEで示した。ランニングスピードは両群間に有意差がみられ，900m群のほうが速かったが，その他の運動強度に相違はなかった。

　結果を図7-5に示した。快感情は運動後に増加したが，両群間に交互作用がみられ，900m群より2000m群のほうがより快感情の増加は大きかった。一方，リラックス感と不安感は走行距離に関係なく運動後に減少した。しかし，リラックス感は回復期に増加するので，これらのデータからだけでは運動後に減少するとはいえない。以上のように，900mより2000mの長い距離のほうが快感情の増加は大きいが，運動後に両方ともポジティブな感情は得られることが明らかにされた。よって，快適自己ペース（CSEP）を用いたランニングでは短時間でも快感情は得られ，不安感は減少するといえる。

表7-1　900mと2000mの快適自己ペース走時の運動強度

	900m群 n=54		2000m群 n=120		
	M	SD	M	SD	ANOVA
スピード	202.8	28.92	177.3	59.45	8.983**
心拍数	154.5	26.87	160.8	32.92	1.503
%HRmax	77.6	14.13	79.3	16.46	0.406
RPE	12.9	1.84	13.2	2.73	0.372

**p<.01

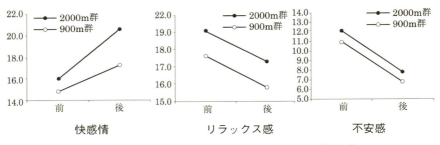

図7-5　短時間運動の走行距離の違いによる感情変化

2 ランニングの好き嫌いによる感情の変化

快適自己ペース（CSEP）を用いると，運動後にポジティブな感情が増加するといっても，ランニングの嫌いな者にとってはどうであろうか。課題の好き嫌いは感情の変化に影響する可能性がある。よって，ランニングが嫌いな者にとっては，快適自己ペース走であっても運動後のポジティブな感情は得られないかもしれない。そこで，ランニングの好き・嫌いで群分けをして，快適自己ペース走後のポジティブ感情の変化の相違を調べることにした（橋本・徳永・高柳・斉藤・磯貝，1993）。

被験者は大学体育実技授業を受講した男子学生104名である。周囲約2kmのランニングコースを有する公園を2～3名1組となり，1分間間隔でスタートさせ会話をしながらの快適自己ペース走で1周周回させた。その際，①話しながら走ること，②始めから終りまで同じペースで走ること，③ランニング中，周囲の環境も見ながら走ること，④終わってもまだ十分に走れる余裕を残しておくこと，⑤ランニング中，苦痛感をともなわないように走ること，と注意事項を与えた。感情の測定には，橋本ら（1995a）が作成した快感情，リラックス感，満足感の3つの下位尺度からなる感情尺度MCL-3（第4章参照）を用い，運動前後で測定した。快適自己ペース走時の運動強度は，運動終了直

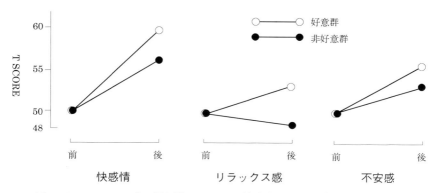

図7-6 ランニングの好き嫌いからみた快適自己ペース走後の感情変化

後に心拍数を触診法によって測定し，所要時間からスピードを算出した。ランニングの好き嫌いはランニング遂行（ランニングすること）に対して好き・嫌いの2件法で回答を求め，ランニングの好意群と非好意群の分類に用いた。公園1周の所要時間は 13.1 ± 1.52 分（分速 155.1m／分）で，終了直後の心拍数は 152.0 ± 23.90 拍／分であった。

　ランニングの好意群・非好意群別に MCL-3 尺度の変化を図 7-6 に示した。なお，図は実施前の平均値と標準偏差を基準として T 得点を算出し，プロットしたものである。

　快感情では，ランニングの好意群も非好意群も，運動後に有意な増加が認められた。しかし，ランニングの好意群のほうが非好意群より快感情の増加は大きかった。リラックス感では，ランニングの好意群は運動後に増加し，非好意群は減少する傾向がみられたが，運動後の得点は有意な差ではなかった。満足感では，ランニングの好意群も非好意群も，運動後に有意な感情得点の増加が認められたが，運動後に有意差がみられ，好意群のほうが増加は大きかった。

　以上示したように，ランニングの嫌いな者は好きな者より運動後の快感情と満足感といったポジティブ感情の増加は少なかったが，運動前より顕著に増加するのである。このことは快適自己ペース（CSEP）という運動強度は運動の好き嫌いに関係なく，運動後にポジティブな感情を増加するといえる。

　ところで，ランニングの嫌いな者が好きな者よりポジティブな感情の増加が少なかったのは，おそらくランニングすること自体でネガティブな心理的ストレスが生じ，ポジティブ感情の増加が抑制されたためと考えられる。モーガン，ホーストマン，サイマーマン，ストークス（Morgan, Horstman, Cymerman & Stokes, 1980）は運動による不安低減効果に関して，課題への認知や知覚が影響していると報告している。よって，運動による心理的効果は単に運動を行ったことが影響しているのではなく，運動課題に対する認知や知覚，たとえば本研究のように課題の好き嫌いといった運動者の心理的要因も影響しているといえる。

　学生の感想には，「授業の前は持久走がいやでいやで仕方なかったけど，実

際は走って気持ちよかったし，さわやかな気分になった。快適自己ペース（CSEP）というのが本当にあったのだと，実際走ってみてびっくりした」や「今日はとても暑く，自分が走りきれるかと思っていたが，快適自己ペース（CSEP）を探し，終了後気分もよくなって，リラックス感もいっそう感じた」とあり，運動前はランニングに対するネガティブな認知であり，心理状態であったにもかかわらず，運動後にポジティブ感情が得られることの結果は大きいといえる。

ただし，この実験では，2～3名1組になり，会話させながら快適自己ペース（CSEP）で走行させるというディソシエーションを取り入れているため，その影響も否定できない。純粋に運動の効果をみるためには，単独走を用いて運動の好き嫌いの感情に及ぼす影響を再確認する必要があるだろう。

3　運動終了直前・直後のポジティブな感情の変化

これまでの先行研究では，運動前と終了直後の感情の変化は検討されているが，運動中の感情状態の変化を調べた研究が少ない。とくに，運動終了直前と直後の感情状態がどのようになっているかを明らかにすることは興味深いことである。なぜなら運動終了直前は運動遂行自体のストレスがかかっているが，運動終了直後はそのストレスから解放されるからである。したがって，運動終了直前と直後では，感情状態は異なり，運動ストレスにより抑制されていた感情は運動終了直後にポジティブな方向へ増加すると考えられる。

そこでここでは，運動終了直前と直後のポジティブな感情を調べ，感情の変化に及ぼす運動ストレスの影響を検討することにした。男子大学生20名を対象に，トレッドミルを用いて15分間の快適自己ペース走を実施し，感情を測定した。コントロール条件は被験者をトレッドミルの上に置いた椅子で座位安静の姿勢をとらせた。快適自己ペース（CSEP）の設定のために「トレッドミル上を走行しながら心とからだと相談し，もっとも快適と感じるペースをつかんでください」という言語教示を与え，最初の5分間でスピードを調節させ，その後10分間を自己決定した一定のスピードで走行させた。感情の測定には，

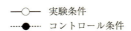
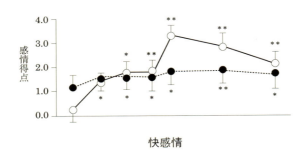
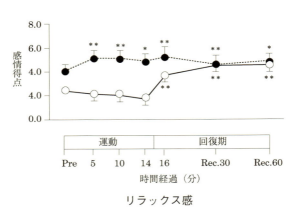

図7-7 運動終了直前直後の感情変化

橋本・徳永（1996a）の感情尺度（Mood Check List-Short form-1：MCL-S.1）を用い，運動終了直前1分と終了直後1分に測定した。快適自己ペース走時の運動強度は 139.2 ± 13.88 拍／分，$54.5 \pm 11.68\% \dot{V}O_2 \max$ を示した。

　その結果，快感情の運動終了直前の値は運動前より有意な増加を示したが，予想したとおり，運動終了直前から直後にかけて顕著な増加がみられた（図7-7）。運動中は運動にともなう身体的なストレスがかかっており，ポジティブな感情の増加が抑制されているが，運動終了後はそのストレスが解除されたた

め，その反動でポジティブな感情が増加したものと推察される。

　運動後の不安の低減を説明する仮説として「相反過程仮説」がある（第3章参照）。これは運動中に生起した感情とは逆の感情が運動後に生起するというものである（Solomon, 1980）。つまり，激しい運動によって不安状態が亢進し，運動後はその反動で不安が低減する（リラックス感が生じる）と解釈されている（Morgan, 1985）。しかし，快適自己ペース（CSEP）を用いた運動では，運動中に不安状態は生起していないにもかかわらず，運動終了直前より直後に快感情とリラックス感の増加がみられた。このことは，相反過程仮説では説明できない。よって，運動による反動というより運動による抑制の解除と考えたほうが説明がつく。それゆえ，運動終了直後のポジティブ感情の増加は，新たに「運動の抑制解除仮説」というものが提示できるかもしれない。

　以上のように，快適自己ペース（CSEP）を用いたランニングでは，実験室であってもフィールドであっても，また客観的な運動強度の違い，ランニングの好き・嫌い，運動時間にかかわらず，運動後にポジティブな感情が得られるという運動の心理的効果が指摘できる。

文献

Hardy, C.J. & Rejeski, W.I.（1989）Not what, but how one feels: The measurement of affect during exercise. *Journal of Sport & Exercise Psychology*, 11: 304-317.

橋本公雄・徳永幹雄・高柳茂美・斉藤篤司・磯貝浩久（1993）快適自己ペース走による感情の変化に影響する要因——ランニングの好き嫌いについて　スポーツ心理学研究, 20 (1): 5-12.

橋本公雄・徳永幹雄（1995a）感情の3次元構造論に基づく身体運動特有の感情尺度の作成——MCL-3の信頼性と妥当性　健康科学, 17: 43-50.

橋本公雄・斉藤篤司・徳永幹雄・高柳茂美・磯貝浩久（1995b）快適自己ペース走による感情の変化と運動強度　健康科学, 17: 131-140.

橋本公雄・徳永幹雄（1996a）運動中の感情状態を測定する尺度（短縮版）の作成の試み——MCL-S.1尺度の信頼性と妥当性　健康科学, 18: 109-114.

橋本公雄・斎藤篤司・徳永幹雄・花村茂美・磯貝浩久（1996b）快適自己ペース走に伴う運動中・回復期の感情の変化過程　九州体育学研究, 10 (1): 31-40.

橋本公雄・村上雅彦（2011）運動に伴う改訂版ポジティブ感情尺度（MCL-S.2）の信頼性

と妥当性.健康科学, 33: 22-26.

橋本公雄・本多芙美子・村上雅彦（2012）短時間の快適自己ペース走における運動強度と感情変化に及ぼす走行距離の影響——900mと2000mのフィールドを用いて　健康科学, 34: 1-8.

Morgan, W.P. (1973) Influence of acute physical activity on state anxiety. Proceeding of National College Physical Education Meet, pp.113-121.

Morgan, W.P. & Horstman, D.H. (1976) Anxiety reduction following acute physical activity. *Medicine and Science in Sports*, 8: 62.

Morgan, W.P., Horstman, D.H. Cymerman, A. & Stokes, J. (1980) Exercise as a relaxation technique. *Primary Cardiology*, 6: 48-57.

Morgan, W.P. (1985) Affective beneficence of vigorous physical activity. *Medicine and Science in Sports and Exercise*, 17 (1) : 94-100.

日本スポーツ心理学会（2008）スポーツ心理学事典　大修館書店　pp.545-546.

Raglin, J.S. & Morgan, W.P. (1987) Influence of exercise and quiet rest on state anxiety and blood pressure. *Medicine and Science in Sports and Exercise*, 19 (5) : 456-463.

Seeman, J.C. (1978) Changes in state anxiety following vigorous exercise. Unpublished master's thesis University of Arizona.

Solomon, R.L. (1980) The opponent-process theory of acquired motivation. *American Psychologist*, 35 (8) : 691-712.

Thayer, R.Z. (1987) Energy, tiredness, and tense on effects of a sugar snack versus moderate exercise. *Journal of Personality and Social Psychology*, 52 (1) : 119-125.

第 8 章
長時間運動にともなうポジティブ感情の変化

本章では，運動に関してはランニングという単一運動に限定し，長時間運動が気分・感情に及ぼす一過性の運動の効果に関する先行研究を概観し，快適自己ペース（CSEP）でのランニング中におけるペース変更と感情との関係について述べるとともに，フルマラソン時の運動強度と感情変化および性差について解説する。

1節 ◆ 心理的側面へ及ぼす運動時間の影響

1　感情変化に及ぼす運動時間の影響

運動の心理的側面への影響は運動時間だけでなく，運動様式や運動強度なども関係してくる。たとえば，アスリートがタイムを競うマラソンと楽しみを目的とした市民マラソンとでは，同じ長時間運動であっても受ける心理的影響は異なってくる。また，野球やテニスなどをレクリエーションとして長時間行った場合は，運動以外の要素も入り，純粋に運動の心理的効果をみることは困難である。したがって，ひと口に長時間運動といっても，多種多様な運動形態が考えられ，一概に心理的効果を述べることは難しい。

また，一過性の運動の心理的効果をみた研究では，心理的変数としては主に気分や感情（不安感，抑うつ感など）が扱われ，長期的な運動では自己概念（自己効力感，自尊感情など），ウェルビーイング，QOLなどが扱われている。これらの研究は精神的障害の改善・治療あるいはメンタルヘルスの向上に関する運動の心理的効果を調べているため，短時間の運動が多く用いられている。したがって，長時間の運動はこれらの問題に関し，ほとんど研究されていないのが現状である。

一過性の単一様式の運動にともなう感情の変化は運動量（運動時間×強度）によって異なると思われ，運動時間だけから先行研究における心理的効果を概観することは難しいが，いくつかの知見を紹介する。

ペトラツェロ，ランダース，ハットフィールド，キュビッツ，サラザール（Petruzzello, Landers, Hatfield, Kubitz & Salazar, 1991）は，運動にともな

う不安低減効果に関するメタ分析の結果から，少なくとも21分間の運動が状態不安と特性不安を低減させるのに必要であると述べているように，20分間の運動を主張する研究者は多い（Berger & Owen, 1983；Leith, 1994）。しかし，ペトラツェロとランダース（Petruzzello & Landers, 1994）は，75%$\dot{V}O_2$max の中等度強度で15分間と30分間のランニングを実施し，STAI 不安尺度（Spielberger, Gorsuch & Luchen, 1970）と PANAS 感情尺度（Watson, Clark & Tellegen, 1988）を用いて，心理的効果を調べた結果，両方の運動強度とも運動終了後10分に有意な不安低減を示したことを見出している。また，10分間の運動で不安低減は生じることが報告され（Roth, Bachtler & Fillingim, 1990），さらには運動開始後5分でも有意な快感情の増加と不安感の減少が見出されている（橋本・斉藤・徳永・花村・磯貝，1996b）。

このように，運動時間に関しては，長時間というよりむしろ短時間の運動での心理的効果を検討してきた経緯がある。

2 快適自己ペース（CSEP）の変更と感情状態

橋本・徳永・高柳・斉藤・磯貝（1993）と橋本（2000）は，運動後にポジティブな感情を得るための至適運動強度を設定する方法として，快適自己ペース（CSEP）という主観的な運動強度を提示した。すでに，前章で示したように，15分間という短時間の快適自己ペース走にともなう感情の変化過程をみると，運動中には不安感は生起せず，運動終了直後に快感情や満足感の増加のピークが，終了後30分にリラックス感の増加のピークがそれぞれみられた。その後，時間の経過とともに運動前の感情状態に戻っていくことが明らかにされている（橋本・斉藤・徳永・高柳・磯貝，1995；橋本ら，1996b）。

このように，快適自己ペース（CSEP）を用いた短時間のランニングでは，運動中や運動終了後に一貫してポジティブな感情の増加がみられるが，運動時間が長くなると，筋グリコーゲン量の枯渇にともない心身の疲労度は増大してくる（コスティル，1988）ので，ポジティブな感情は減少することが推測される。もし，それ以上運動を継続するとしたら，運動者は快適自己ペース

(CSEP)を変更する(落とす)であろう。

そこで、快適自己ペース(CSEP)の運動強度でトレッドミルを時間設定なしに走行させ、快適自己ペース(CSEP)の変更前後の運動強度と感情状態との関係を調べた研究(丸山, 2002)を紹介する。

被験者は健康な男女大学院生5名であり、快適自己ペース(CSEP)がほぼ安定するまで練習をした後、本実験に入った。まず、15分間を快適に走行できるように快適自己ペース(CSEP)を設定させ、走行させた後、引き続き運動を継続させた。5分おきに走行ペースを変更したいかどうかを尋ね、変更したいと答えたときは、変更前後に快感情、リラックス感、不安感からなるMCL-S.1感情尺度(橋本・徳永, 1996a)と「よい―わるい」を両極とする11段階の感情尺度(Feeling Scale: FS, Rejeski, Best, Griffith & Kenney, 1987)を用いて感情状態を口頭で回答させた。被験者にはどの時点で運動を終了するかはいっさい伝えず、2回目のペース変更希望後5分で運動を終了した。したがって、被験者の運動終了時間はそれぞれ異なり、平均走行時間は52.0 ± 5.70分であった。

走行中の心拍数、快感情、リラックス感、FSの変化過程を図8-1に示した。

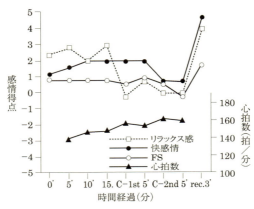

図8-1　快適自己ペース走におけるCSEPの変更前後の運動強度と感情状態

運動開始15分後の心拍数は149.2 ± 30.58 拍／分，RPE は 11.0 ± 1.22 であったので，最初の 15 分間は軽度から中等度の運動強度での快適自己ペース走であったことがわかる。

　心拍数の変化過程をみると，快適自己ペース（CSEP）の変更前は心拍数が増加し，変更後（5分後）は2回とも変更前値を維持している。もし，快適自己ペース（CSEP）を変更していなければ，さらに心拍数は増加したものと推察される。

　一方，快適自己ペース（CSEP）の変更前後の感情状態をみると，1回目の変更（C-1st）では，FS（Feeling Scale）と快感情の顕著な変化はみられないが，リラックス感は急激に低下しており，変更後5分でやや回復している。2回目の変更直前（C-2nd）では，FS，快感情，リラックス感の感情はすべて減少し，変更後5分（運動終了直前）の回復は認められず，むしろ FS の低下がみられる。なお，運動終了後3分には，すべての感情得点が急激に増加した。

　運動者がどのような状況で快適自己ペース（CSEP）を変更するのか，1回目と2回目の快適自己ペース（CSEP）の変更を総合して考えると，心拍数の増加があり，リラックス感が減少（緊張感が増加）するとき，快適自己ペース（CSEP）を変更するといえる。なお，2回目の快適自己ペース（CSEP）の変更後，感情状態が好転しなかったのは，本被験者にとって運動遂行自体が限界にきていたものと推察される。

　このように，運動量と感情状態との間には密接な関係があり，運動時間が長くなると，ネガティブな感情にならないように，運動強度を調節するものと思われる。

2節 ◆ マラソンでの感情の変化

　長時間運動における運動強度と感情の変化との関係をみるため，とくに持久走トレーニングを行っていない者を対象とした，フルマラソン時の研究結果を紹介する（斉藤・鈴井・後藤・橋本，1994：1998）。被験者は一般の大学生であ

る。対象としたマラソンはホノルルマラソン（アメリカ合衆国ハワイ州ホノルル市）である。このマラソンは走行時間に制限がないため，参加者は時間にとらわれず，自分のペースで走ることができる。

測定項目としては，マラソン中の心拍数と感情状態である。感情の測定は，MCL-S.1尺度を携帯させ，被験者個々にスタート前5分，ランニング中の10km，20km，30km，40km，ゴール直後とゴール後30分の計7回記録させた。また，マラソン中の心拍数を腕時計型の心拍記録装置を用いて，スタートからゴールまで連続的に記録した。

1　マラソン時の運動強度と感情の変化

被験者は一般男子大学生5名で，事前に最大酸素摂取量の測定と換気性閾値（Ventilatory Threshold：VT）での心拍数を算出した。図8-2に，典型的な被験者Aのマラソン時の心拍数の変化を時間と距離および被験者のVTレベルの心拍数との関係で示した。心拍数は被験者個々で異なるが，ほとんどの被験者が同様の心拍数の変動パターンを示した。また，図8-3に被験者5名の走行にともなう感情の変化を平均値で示した。

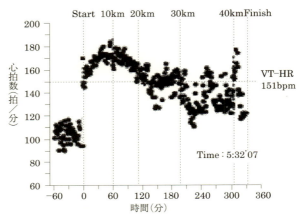

図8-2　マラソンにおける被験者Aの運動中の心拍数の変化過程（斉藤ら，1994）

第 8 章　長時間運動にともなうポジティブ感情の変化

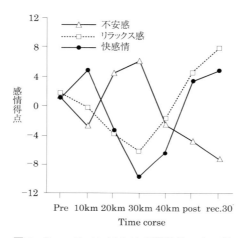

図 8-3　マラソンにおける運動前・中・後の感情の変化過程（斉藤ら，1994）

　スタートから 10km までは徐々にペースを上げ，ほとんどの被験者が VT レベルの心拍数を超えて走行していた。しかし，リラックス感は減少傾向にあるものの，快感情は増加し，不安感は低下して負の値を示していることから，自信に満ち快適な感情状態にあることがわかる。第 6 章において，運動時の感情は換気性閾値（Ventilatory Threshold：VT）や乳酸性閾値（Lactate Threshold：LT）といった代謝の変移点とかかわるが，自己選択強度の運動に関しては，LT や VT 強度にかかわらず，ポジティブな感情を示し，感情の応答が異なることを紹介した（Parfitt, Rose & Burgess, 2006）。スタートから 10km までの感情は，まさにこれに該当すると思われる。しかし，VT レベルを超えての走行は明らかにオーバーペースで，10km から 20km にかけては急激な快感情およびリラックス感の低下と不安感の増加がみられ，ネガティブな感情状態を呈している。血中乳酸値が 4mmol/l（onset of blood lactate accumulation：OBLA）を越えると一定の運動強度を保つことが難しくなり，ネガティブな感情を呈する，とされていることから（Ekkekakis, Parfit & Petruzzello, 2011），強度が OBLA を超えていた可能性が考えられる。その結果，心拍数の低下に示さ

れるように走行ペースを遅くしている。25km, 2.5～3時間地点付近からは, いずれの被験者も心拍数はVTレベルまでに低下し, 同時に変動が非常に大きく, 自己選択強度のペースが保てなくなる傾向を示した。そして, 30kmでは快感情, リラックス感ともに最低値を示し, 不安感が最高値を示した。

さらに, 30～40kmでは被験者Aに示されるように, 心拍数の変動の幅が大きく走行ペースは不定となる。マラソンペースで行った3時間のトレッドミル走行中の筋グリコーゲン量と疲労感に関し, グリコーゲンの枯渇にともないランナーが重度の疲労感を感じたことも報告されている（コスティル, 1986）。疲労感が不安感を生起させるかどうかは明確ではないが, 長時間運動中の疲労感は運動継続に対する不安も生じ, その結果, 快やリラックス感が負の値を示し, 抑うつ感や緊張感の高まりを示したものと思われる。しかし, ゴールまでの距離が少ない40km地点になると, 疲労はピークに達しているにもかかわらず, 不安は低下し, 快やリラックス感も回復しつつある。この感情の変化は作業曲線における終末努力（効果）と呼ばれる現象に類似している。実際に40km以降, 一時的に走行ペースが速くなっていることも認められた。

マラソン終了直後には急激なリラックス感と快感情の増加がみられ, 走行前よりいずれも高いレベルにあることがわかる。つまり, 完走したことによる自信と, いわゆる「よい気分」を呈していることがわかる。このように, 長時間のランニングにおいても, 運動量が感情に影響するとともに, 生体負担度の増大やエネルギーの枯渇といった自己選択強度が維持できなくなる要因が感情状態に影響するものと考えられる。

2 マラソン時の感情の変化に対する性差の影響

これまで運動の心理的影響に関する研究では, 男女が混在しているものも多く見受けられるが, 性別で分けて検討されているものは少ない。しかし, 女性では運動にともなう不安感や抑うつ感に明確な変化が認められないという報告もあり (Berger & Owen, 1983 ; O'Connor, Raglin & Morgan, 1996 ; Wood, 1977), 運動中の感情の変化も男性と異なる可能性がある。そこで, フルマラ

ソンに自主的に参加した男子大学生 16 名および女子大学生 22 名を対象に長時間運動中の感情の性差について検討した。被験者は全員フルマラソンを完走し，走行時間の平均は男子が 6 時間 37 分，女子が 6 時間 2 分と，男女間の走行時間に有意な差は認められなかった。

　走行にともなう MCL-S.1 尺度得点の変化を図 8-4 に示した。男子に関しては前述の報告と同様，10km までは快感情は増加し，リラックス感や不安感はあまり変化しないが，その後は大きくポジティブな感情は低下した。これに対し，女子ではいずれの感情の変化も小さく，また，大きく負の値を示すこともなかったが，40km における終末努力（効果）といった現象も認められないというように，感情の応答に性差が認められた。

　比較的短時間の運動にともなう状態不安の変化に関し，男性では運動実施にともなう状態不安の低下や運動強度と状態不安とのかかわりが報告されてきた（O'Connor et al., 1996；Wood, 1977）。しかし，これらの報告においても女性ではそのような変化や関係は認められなかった。また，いずれの研究においても，このような運動にともなう感情の変化の性差に関し，明確な考察はなされていない。運動中の心拍数と主観的運動強度（RPE）との関係をみた研究では，女性が男性に比し高い心拍数で運動しているにもかかわらず，低い RPE を示したことが報告されている（Koltyn, O'Connor & Morgan, 1991；Winborn, Meyers & Mulling, 1988）。つまり，女性は運動時，生理的強度が高くても，主観的な運動強度を低くとらえている可能性が考えられる。

　また，セイヤーとニューマンとマクレイン（Thayer, Newman & McClain, 1994）は，「気分の自己調節（self-regulation of mood）」，とくに「悪い気分（bad mood）」を変えるための方法に明確に性差が生じることを報告している。これは，男性では「楽しみや気晴らし探し（Seeking Pleasurable Activities and Distraction）」と彼らが名づけた方法で気分を変えようとし，女性では「消極的気分管理（Passive Mood Management）」という方法で気分を変えるというものである。ここで述べられている「気分の自己調節」は運動時の感情の変化に関して述べられたものではないが，長時間の運動ストレスに対する男女の感

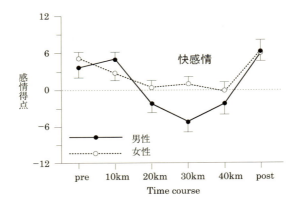

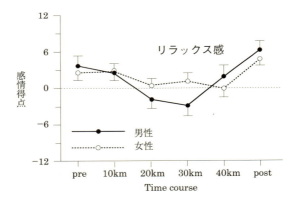

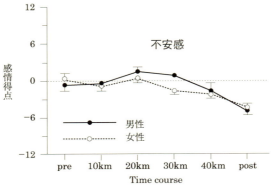

図8-4 マラソン走行中の感情の変化における男女の相違

情の応答の違いを裏づけるかもしれない。さらに，精神的ストレスに対する血圧や血漿カテコラミン濃度の上昇は男性に比し女性では有意に低く，女性は男性に比し，"economically（経済的）"にストレスに対処するという報告もある（Forsman & Lindblad, 1983）。

つまり，男性における運動中のダイナミックな感情の応答は長時間の運動ストレスに対し，積極的に気分や感情を変化させることにより対応していこうとするものであり，女性では逆に気分や感情の変化を抑制する消極的な応答により，運動ストレスに対応している可能性が示唆される。

一過性の長時間運動の心理的影響について，これまでこの種の研究が少なく，筆者らの研究を中心に運動強度と感情状態との関係を述べた。両者の間には密接な関係があり，運動を継続させるのに，運動者は走行中の感情状態がネガティブになると，運動強度を調整していることが示唆された。また，運動後はフルマラソンという長時間の運動であっても運動前よりポジティブな感情となることが示された。フルマラソン完走後の自信（不安の負の値）の増加がみられたように，長時間運動はコンピテンス，自己効力感，自尊感情といった心理的効果を生むかもしれない。

文献

Berger, B.G. & Owen, D.R.（1983）Mood alteration with swimming-swimmers really do "feel better". *Psychosom. Med.*, 45 (5)：425-433.

Ekkekakis, P., Parfitt, G. & Petruzzello, S.J.（2011）The pleasure and displeasure people feel when they exercise at different intensities: Decennial update and progress towards a tripartite rationale for exercise intensity prescription. *Sports Medicine*, 41: 641-71.

Forsman, L. & Lindblad, L.E.（1983）Effect of mental stress on baroreceptor-mediated changes in blood pressure and heart rate and on plasma catecholamines and subjective responses in healthy men and women. *Psychosom. Med.*, 45 (5)：435-445.

橋本公雄・徳永幹雄・高柳茂美・斉藤篤司・磯貝浩久（1993）快適自己ペース走による感情の変化に影響する要因――ジョギングの好き嫌いについて　スポーツ心理学研究, 20 (1)：5-12.

橋本公雄・斉藤篤司・徳永幹雄・高柳茂美・磯貝浩久（1995）快適自己ペース走による感情の変化と運動強度　健康科学，17: 131-140.

橋本公雄・徳永幹雄（1996a）運動中の感情状態を測定する尺度（短縮版）の作成の試み　健康科学，18: 109-114.

橋本公雄・斎藤篤司・徳永幹雄・花村茂美・磯貝浩久（1996b）快適自己ペース走に伴う運動中・回復期の感情の変化過程　九州体育学研究，10（1）: 31-40.

橋本公雄（2000）運動心理学研究の課題――メンタルヘルスの改善のための運動処方の確立を目指して　スポーツ心理学研究，27（1）: 50-61.

Koltyn, K.F., O'Connor, P.J. & Morgan, W.P.（1991）Perception of effort in female and male competitive swimmers. Int. J. Sports Med., 12: 427-429.

コスティル，D.L.（著）　小林義雄（訳）（1988）コスティルのインサイド・ランニング――トレーニング効果を最高に高めるために　同文書院　pp.45-54.（Costill, D.L.（Ed.）1986. Inside running: Basics of sports physiology. Benchmark Press, Inc.）

Leith, L.M.（Ed.）（1994）Foundations of exercise and mental health. Fitness Information Technology, Inc., Morgantown, W.V.

丸山真司（2002）長時間運動中の快適自己ペースの調整と感情，運動強度および疲労度との関係　九州大学大学院人間環境学府修士論文

O'Connor, P.J., Raglin, J.S. & Morgan, W.P.（1996）Psychometric correlates of perception during arm ergometry in males and females. Int. J. Sports Med., 17（6）: 462-466.

Parfitt, G., Rose, E.A. & Burgess, W.M.（2006）The psychological responses of sedentary individuals to prescribed and preferred intensity exercise. British Journal of Health Psychology, 11（Pt1）: 39-53.

Petruzzello, S.J., Landers, D.M., Hatfield, B.D., Kubitz, K.A. & Salazar, W.（1991）A meta-analysis on the anxiety-reducing effects of acute and chronic exercise. Sport Medicine, 11（3）: 143-182.

Petruzzello S.J. & Landers D.M.（1994）Varying the duration of acute exercise: Implications for changes. Affect Anxiety, Stress, and Coping, 6: 301-310.

Rejeski, W.J., Best, D., Griffith, P. & Kenney, E.（1987）Sex-role orientation and the response of men to exercise stress. Research Quartely, 58: 260-264.

Roth, D.L., Bachtler, S.D. & Fillingim, R.B.（1990）Acute emotional and cardiovascular effects of stressful mental work during aerobic exercise. Psychophysiology, 27: 694-701.

斉藤篤司・鈴井正敏・後藤真二・橋本公雄（1994）長時間運動における感情の変化に及ぼす運動強度の影響　健康科学，16: 109-117.

斉藤篤司・鈴井正敏・後藤真二・橋本公雄（1998）長時間運動時の感情の変化に及ぼす性差

の影響 健康科学, 20: 39-43.

Spielberger, C.D., Gorsuch, R.L. & Luchen, R.E. (Eds.) (1970) Manual for the state trait anxiety scale. Palo Alto, CA: Consalting Psychologists Press.

Thayer, R..E, Newman, J.R. & McClain, T.M. (1994) Self-regulation of mood: Strategies for changing a bad mood, raising energy, and reduction tension. *J. Per. Soc. Psychol.*, 67 (5) : 910-925.

Watson, D., Clark, A. & Tellegen, A. (1988) Development and validation of brief measures of positive and negative affect: The PANAS scales. *Journal of Personality and Social Psychology*, 34 (6) : 1063-1070.

Winborn, M.D., Meyers, A.W. & Mulling, C. (1988) The effects of gender and experience on perceived exertion. *J. Sport Exerc. Psychol.*, 10: 22-31.

Wood, D.T. (1977) The relationship between state anxiety and acute physical activity. *Am. Corr. Ther. J.,* 31 (3) : 67-69.

第 9 章

快適自己ペースと
運動の継続

快適自己ペース（CSEP）は運動の継続化を意図し，運動にともなうポジティブ感情の獲得を最大化させる手段として考えた主観的な運動強度である。これまで快適自己ペース（CSEP）と感情の変化について論じてきたが，運動の継続化に関しては述べていない。そこで本章では，快適自己ペース（CSEP）の運動継続化への有効性と具体的な適用，そして最後に快適自己ペース（CSEP）を用いた研究における今後の課題について述べることにする。

1節 ◆ 運動継続における快適自己ペース（CSEP）の有効性

　運動を推奨する際，運動の効果もさることながら運動の継続をも考慮していくことが重要であることは論をまたない。しかし，その確立した方法論はなく，運動指導現場では経験則にもとづいて実施されており，四苦八苦しているのが実情であろう。運動を継続するためには，運動者が運動にともなう快感情やリラックス感などのポジティブな感情を体験することはもっとも重要なことであると思われる。そこでここでは，ポジティブ感情を醸成することの意味と運動によるポジティブ感情と運動継続の関係について述べ，実際のウォーキング事業における運動継続化への快適自己ペース（CSEP）の介入効果について紹介する。

1　ポジティブ感情の醸成の意味

　身体活動・運動にともなう感情の変化は運動の強度や時間によって異なる。一過性の高強度の運動では，不安や疲労感などのネガティブな感情が生じ，ポジティブな感情の増加は得られず，長期的な高強度の運動では気分や感情の障害を起こすことが知られている（Berger & Owen, 1992；Morgan, Costill, Flynn, Raglin & O'Connor, 1988）。よって，運動の継続を考えたとき，運動後のポジティブな感情を獲得することが重要となり，そのためには，運動者にとって適切な運動の強度や時間を設定することが必要とされる。しかし，現在の運動処方に用いられている個々人の体力に応じた相対的運動強度や運動時間

の設定は，運動の効果と安全性が強調されており，そこには運動後のポジティブ感情の獲得という考えはなく，ましてや運動の継続化という視点もない。これまでの体育学や運動科学の領域では，主に運動・スポーツ・身体活動の効果の側面に目が向けられ，その成果を追い求めてきた。運動パフォーマンスの向上のためのトレーニングや生活習慣病の治療のための運動処方であるなら運動の効果を最重要視することは当然であるが，健康な人々のヘルスプロモーションにおいては，身体的効果はもとより心理的効果や運動の継続化を視野に入れるべきと考えられる。運動の効果が必ずしも継続につながるとは限らないが，運動の継続は必ず効果を生むからである。

運動後の快感情やリラックス感などのポジティブ感情の獲得は運動の継続に有効と思われる。なぜなら，運動にともなうポジティブ感情はつぎの運動への動機づけとなるからである。デシとライアン（Deci & Ryan, 1985）の自己決定理論による内発的動機づけは運動すること自体の楽しさの知覚であり，ここで初めて自律的な行動となり，運動の継続につながることになる。よって，健康づくりの運動においては運動すること自体の楽しさ，つまり心地よい気分やポジティブ感情を醸し出す運動を考えることは自明の理である。この運動による心理的効果を意図して考えられた主観的な運動強度が快適自己ペース（CSEP）であり，運動の継続化に対し，相対的運動強度よりも効果的と考える所以である。第7章で示したように，快適自己ペース（CSEP）という運動強度を用いたランニングでは，実際の客観的な運動強度にかかわらず，運動にともない必ず快感情が増加するのである。このポジティブ感情は行動の遂行にとって重要な要素であり，運動の継続に役立つことであろう。

2　運動によるポジティブ感情の獲得と好意的態度の形成

計画的行動理論（第1章参照）は行動に対する態度，主観的規範，行動の統制感の3つの概念で構成されているが，これらの変数（予測因）が高まると，行動意図が高まり，運動行動が生起するという心理的メカニズムを示したものである。よって，それぞれの予測因を高めることが運動行動の継続化につ

ながることになる。このなかの態度概念は行動に対する評価的・感情的な次元として規定され（Fishbein & Ajzen, 1975），行動意図の重要な予測因であることは多くの運動行動の研究で検証されている（Armitage & Conner, 2001；Hausenblas, Carron & Mack, 1997）。ここでの態度は，たとえば運動することは「よい―わるい」とか「役に立つ―役に立たない」といった評価や，「楽しい―苦しい」とか「面白い―退屈な」といった形容詞対で測定される。運動によってこのようなポジティブな評価・感情が体験され，経験されると，運動遂行に対する好意的な態度が形成されることになる。

　運動すれば必ずポジティブな感情が得られるかというと，そうではない。経験的にもわかるように，運動強度によって生起する感情状態はさまざまである。したがって，好意的態度を形成するためには，つねにポジティブな感情を増加させるような運動強度を設定する必要がある。そのような運動強度は心理学的視点からの至適運動強度となるだろう。現在，健康づくりの指導現場で用いられている至適運動強度は，個々人の体力レベル（たとえば，最大酸素摂取量）を基準に相対的な強度が算出され，処方されているが，これは運動の効果や安全性を考えた運動強度である。しかし，ポジティブな感情の醸成や獲得を考えたとき，必ずしもこの相対的運動強度が至適運動強度となり，最大のポジティブな感情状態を醸し出すわけではない。快適自己ペース（CSEP）という主観的な運動強度を用いた運動（ランニングやウォーキング）では，快感情の増加量を最大化させるのである（第6章参照）。それゆえ，快適自己ペース（CSEP）は運動にともなうポジティブ感情を最大化させる至適運動強度の設定法といえるのである。快適自己ペース（CSEP）は運動に対する好意的態度の形成に有効であり，ひいては行動意図を高めることになる。よって，快適自己ペース（CSEP）を用いた運動では運動の継続化へ寄与することになると考えられるのである。

3　快適自己ペース（CSEP）を用いた運動の継続化への可能性

　快適自己ペース（CSEP）という主観的な運動強度を用いて運動をしたとき，

それが継続に役立つかどうかを検証する必要があるが，長期間の運動となると被験者の統制が難しく，実際にはまだ検証されていない。諸外国においてもポジティブ感情が運動の継続に寄与するであろうと述べる研究者は多いが，それを実証した研究はない。そこで，ウォーキング事業で快適自己ペース歩行を用いて試みた運動の継続率のデータ（村上・橋本・西田・内田・村上，2004）を最後に紹介することにする。

C市が健康づくりのために企画した3カ月間の非監視型のウォーキング事業で，ウォーキングを継続させるためのさまざまな方法を提供し，その介入効果を調べた。この事業は10分間のウォーキング実施で1ポイントとし，期間内にC市が設定する目標ポイント（300ポイント）を達成した人に事業終了後に行われる抽選会で，豪華商品が獲得できる抽選の権利を付与するという外発的動機づけがなされたものである。なお，ウォーキングの方法としては，快適自己ペース（CSEP）を指導している。

1）介入内容

まず事業参加者全員151名に対し，ファックスかメールアドレスをもっている人には，運動の効果に関する情報を毎週提供することを伝え，情報提供の希望者を募った。その結果，77名の希望者があり，この希望者を介入群とし，希望しなかった人を非介入群（74名，男児1名，女児3名含む）とした。また，介入群は快適自己ペースや運動継続化の螺旋モデル（橋本，1998，第2章参照）などを指導する継続促進群（38名，女児1名含む）と運動の効果の情報を与える認知情報群（39名，男児1名含む）にランダムに分けた。ウォーキングを

表9-1　ウォーキング継続化への介入の内容

内容	介入群		非介入群
	継続促進群	認知情報群	
セルフモニタリングノート	○	○	○
運動の心身に対する効果	○	○	×
快適自己ペースと運動の継続化	○	×	×

事業開始前3カ月間に運動を習慣的に行っていた人は、継続促進群が66.6％、認知情報群64.9％、非介入群72.6％であり、3群間に相違はなかった。ただし、子どもと不完全回答者を除く134名を分析の対象とした。

　介入の内容は表9-1に示すとおりである。介入群も非介入群もウォーキングの実施を記録していくセルフモニタリングノートの配布と運動の心身に対する効果の情報提供は共通している。継続促進群と認知情報群の違いは快適自己ペースと運動の継続化の螺旋モデルに関する情報（A4判1枚）が追加されるかどうかである。非介入群はセルフモニタリングノートのみである。

2）介入方法

　毎週金曜日にファックスとメールを用いて、運動の身体的効果と継続化に関する内容を計12回提供した。情報は一方的に提供するだけで、参加者とはいっさい連絡はとっていない。

3）過去の運動習慣の有無からみたウォーキングの継続率

　ウォーキング事業参加前に運動習慣のある人とない人とでは介入効果に相違がみられることも考えられるため、過去3カ月間の運動習慣の有無から、介入群と非介入群のウォーキング継続率を比較した（図9-1）。運動習慣があっ

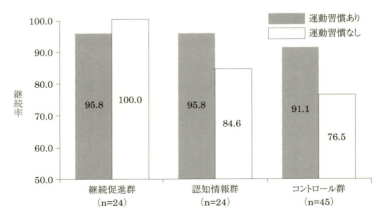

図9-1 過去3カ月間の運動経験の有無からみた
3群のウォーキングの継続率

た人においては，継続促進群も認知情報群も継続率は95.8％と非常に高く，介入の差はみられなかった。しかし，運動習慣がなかった人においては，介入効果が顕著であった。ウォーキングの継続率は継続促進群（100.0％）がもっとも高く，次に認知情報群（84.6％）であり，コントロール群（76.5％）が低かった。なお，運動習慣のある人は，継続促進群，認知情報群，コントロール群の3群間にまったく相違はみられず，いずれの群も90％以上の人がウォーキングを継続していた。

　以上のように，快適自己ペースと運動継続化の螺旋モデルを用いた運動促進群の11名全員がウォーキングを継続しており，認知情報群より継続率が高かった。介入の違いは快適自己ペースでのウォーキングの仕方と継続化への情報提供である。快適自己ペースの利点は，日々あるいは運動中の体調や気分の状態によってペースの変更ができ，無理なく快適に運動ができるので，運動の継続に役立つことが考えられている（橋本，2000a）。また，運動継続化の螺旋モデルは快適経験，目標設定，結果の知識，成功体験と身体的資源の5つの構成要素からなる（橋本，1998；2000b；2010，第2章参照）が，これらの情報は介入群のウォーキング継続への動機づけになると考えられる。よって，この結果はこれから運動を始めようとする人に対し何らかの情報を与える際，運動の効果だけでなく，いかにしたら継続できるか，その方法と情報を提供することが重要であることを示唆している。ただ，この研究結果はウォーキングの継続化に向けて快適自己ペース（CSEP）だけの効果をみたものではないことを付記しておく必要はある。

2節 ◆ 快適自己ペース（CSEP）の具体的適用

　快適自己ペースという運動強度は，個々人が快を感じる一定の固有のペースを意味しているので，誰にでもそのペースは摘めるし，また運動指導現場で指導者が教示しやすい。それゆえ，学校体育における持久走運動の指導や健康づくり教室，あるいはフィットネスクラブにおけるトレッドミルや自転車を用い

た有酸素性運動の指導にも適用可能である。

1　学校体育における適用

「走る」「跳ぶ」「投げる」は運動の基本的動作であり、小・中学校の体育授業ではバラエティに富んだ運動が教材として用いられる。中学校における保健体育では、陸上は教材として取り上げられており、三学期になると持久走を実施している学校は多い。しかし、この持久走を楽しみとする者は少なく、ランニングに対するイメージは「きつい」「楽しくない」とネガティブである。よって、持久走の授業が行われている期間に課外でも持久走を自主的に行うかというとそうではなく、持久走大会が終わってもランニング愛好者が増えたという話を聞いたこともない。児童や生徒たちは持久走が「やっと終わった」「やれやれ」というのが本音であろう。保健体育科目の目標は「生涯にわたって運動に親しむ資質や能力を育てる」と『新学習指導要領』（文部科学省，2012）に謳われているが、持久走の運動に関してはこの目的を達成していないことになる。生涯にわたる運動のためには、運動に対する好意的態度の形成がきわめて重要となる。

このように、ランニングに対するイメージや態度はネガティブであるが、もし学校体育で「ランニングやジョギングをすることは楽しいもの」という好意的な態度形成がなされたらどうであろう。このような指導こそが、生涯にわたった運動・スポーツの実践に通じるわけである。よって、持久走に対する好意的態度の形成に向けた指導法の工夫が必要となる。ここに、自己選択・自己決定型の主観的な運動強度としての快適自己ペース（CSEP）を学校体育に導入することの意義が見出され、きわめて有効な手段と考えられる。そのときの走運動の教材は競争ではなく、運動にともなう体と心の心地よさを気づかせる運動教材となるであろう。

2　健康づくり・体力づくり教室における適用

健康や体力づくり教室では、簡易な最大酸素摂取量を測定し、それを基準と

して相対的運動強度を算出し，運動処方として運動者に提供している。しかし，その運動強度（提供された心拍数やスピード）を運動者はどれだけ従順に守ってランニングや自転車を漕いでいるのだろうか。意外と運動者は処方箋として運動メニューをもらっても自分に合った運動強度を用いて走ったり，自転車を漕いだりしているのではないだろうか。

　自分に合った運動強度とは何であろうか。これが快適自己ペース（CSEP）なのである。あるフィットネスクラブの指導者に「受講者の皆さんの体力にもとづく相対的運動強度を算出し，運動メニューとして提示して，受講者の皆さんはそれを実践していますか？」と尋ねたことがある。その方の返事は「いいえ」であり，「皆さんは自分で決めた強度で走ったり，自転車を漕いだりしている」とのことであった。もちろん，指導者も「運動処方を遵守してください」とはいえない。なぜならそれをいえば，受講者は来なくなる可能性があるからである。運動強度を指示してもそれに従わず，自分で設定した強度やペースで運動をしているとしたら，はじめから運動者が自己選択する運動強度をもとに運動処方をしたほうが理にかなっているといえるのではないだろうか。おそらくその主観的な運動強度が快適自己ペース（CSEP）となるであろう。

　ここでわれわれが考えなければならないのは，運動と病気における処方は異なるということである。病気は治したいという強い動機が働いているし，医者も治してあげようという意志が働くので，もっともよい処方箋を出す。したがって，患者はそれを信じて薬を従順に服用するのである。もっとも，従順に守るかどうかは個々人のコンプライアンスの強さの問題である。しかし，運動の場合は健康や体力づくりをして，スポーツ競技大会に出場するとか，競技力を向上するとか，何のために健康や体力づくりを行うのか，その目的が明確でなければ，それほど強い動機は働かないであろう。つまり，健康には目的性と手段性がある（ターナー，1966）わけで，健康づくりが目的になっていれば，それほど逼迫した状況でもないので，運動指導者から指示された運動強度が自分に合っていないとすれば，それを守る必要はなくなる。あくまでも，提示される相対的運動強度は運動の効果を求めるための強度であり，運動者が好むと

か，継続につながるという保証はない。その点，快適自己ペース（CSEP）はポジティブ感情を増加することから運動に対する好意的態度を形成することになり，間接的に運動の継続化につながる有効な方法といえるだろう。

3 快適自己ペース走後の感想

最後に，大学の体育における演習や実技で短時間の快適自己ペース走を実施した際の学生の感想を記載したい。下記は大学院生の運動心理学の授業で，トレッドミル上を快適自己ペース（CSEP）でのランニングを遂行させたときの女子学生の感想である。

「以前，心拍数によるペースの運動実験を行ったとき，数字にこだわり，あまり楽しい気分になれなかった。また，運動後の爽快感や達成感を感じた記憶もない。今回のトレッドミルを使った快適自己ペース（CSEP）での実験では，運動後は非常に爽快感が強く感じられた。頭がクリアな感じになり，達成感が感じられ，その後徐々にリラックス感を感じた」。

また，大学一般教育の体育実技授業で約 2km の公園を快適自己ペース走で 1 周周回させ，感想を書いてもらった。

女子学生 A は，「快適な運動がこれほど感情にも影響することに驚きました。公園は景色もきれいだったので，走った後はとてもすがすがしい気分になりました。今日走ってみて，毎日走っても大丈夫かもしれないとさえ感じました。この"快適さ"が運動を続けさせてくれることを身をもって実感しました」と書いた。

また男子学生 B は，「快適自己ペースで走ると，身体にも心にもよい影響をもたらすことはよくわかった。運動を一生懸命自分の力を出し切ってやる楽しさや爽快感は知っていたが，それとはまた違って自分の一番心地よいペースでこのような感情を得られることは歳がいくつになっても続けられる。だから心身の健康を保つのに快適自己ペースはとても役立つ」と書いた。

このように，ランニング後に好意的な感想を述べた学生が，その後ランニングを行っているかどうかわからないが，少なくともランニングに対する認識が

変わったことは事実である。

　下記の男子学生 C はランニングが苦手であったが，走行中の感情・気分を克明に書いていた。

　　運動前　　走るのが億劫である。
　　運動前半　「あー面倒い」から「まあいいか」へ。「いやだ」という気持ち薄れ，消える。
　　運動中盤　ボーっとして走る，何も考えていない。風景を眺める余裕が出る。
　　運動後半　楽しいことを考える。ニヤニヤして走る。
　　運動後　　開放感と満足感に満たされている。すっきりした気分で充実感を感じる。明るい気分となる。

　このようにいやなランニングであっても，快適自己ペース（CSEP）という主観的な運動強度を用いると，運動終了後にはポジティブな感情が得られるのである。快適自己ペース走を用いた体育授業におけるこのような学生の好意的な感想は枚挙にいとまがない。読者の皆さんにはぜひ体育指導，運動指導だけでなく，自分自身の健康・体力づくりに取り入れ，快適自己ペース（CSEP）を体験してもらいたいものである。

3節 ◆ 快適自己ペース（CSEP）を用いた研究の課題

　運動心理学研究における感情研究の今後の課題としていくつかあげることにする。まず，なぜ運動によってポジティブ感情が醸成されるのか，そのメカニズムの解明に関する研究を行う必要がある。また，ポジティブ感情の獲得は実際に運動の継続に役立つのか，このポジティブ感情の運動継続化への効果研究が必要である。さらには，快適自己ペース（CSEP）の運動処方としての適用の効果に関する問題である。相対的運動強度と快適自己ペースを用いたときの運動処方の効果に関する研究が必要である。これらについて述べておきたい。

1 運動にともなうポジティブ感情の変化に関するメカニズムの再検討

これまでの運動にともなう感情変化のメカニズムとして提示されている生物学的仮説（β-エンドルフィン仮説，温熱仮説，反動処理仮説など）と心理学的仮説（気晴らし仮説，マスタリー仮説など）がいくつか提示されている（第3章参照）。しかし，これらの仮説はすべて運動にともなうネガティブ感情（不安や抑うつ）の減少をポジティブ感情に関連する指標（エンドルフィン，体温上昇，気晴らしなど）から説明しているだけであり，直接ポジティブ感情を測定して調べられたものではない。つまり，感情測定と要因としての測定指標間の対応関係に問題がある。これは，「リラックス」と「不安」，「快」と「抑うつ」が対応して変化する（Nowlis & Greenberg, 1979）ことを前提とし，運動後の不安や抑うつの減少を快やリラックスなどのポジティブな側面から推測しているに過ぎない。

今後は運動にともなうポジティブ感情を直接測定し，これらの仮説を再検討してみる必要はあるだろう。ポジティブ感情とネガティブ感情は異なることが指摘されており，快感情，リラックス感，不安感の変化過程はそれぞれ異なるのである（橋本・斎藤・徳永・花村・磯貝，1996）。よって，ポジティブな感情を測定し，測定指標間の対応関係を確立し，従来から指摘されている仮説を再検証する必要がある。その際，運動にともなう快感情の増加のピークは運動終了直後であるのに対し，リラックス感の増加のピークは回復期に現れ，変化過程は異なるので，緻密な研究デザインが必要であろう。

2 運動にともなうポジティブ感情の運動継続化への検討

運動がメンタルヘルス効果をもたらすといっても，運動を継続しなければ意味がない。運動にともなう不安や抑うつなどのネガティブ感情の減少が運動の継続に役立つこともあるかもしれないが，多くの人々は健康の維持増進のために運動を行っており，その継続化に悩んでいるのである。そのため近年，行動科学や行動理論・モデルにもとづく行動変容技法を用いて運動の継続化が図ら

れている。しかし，人は基本的には快適な刺激が付与される行動に接近・採択し，それを継続するものであり，運動にともなうポジティブ感情が継続を促すと考えるのは理にかなっている。ただ，運動の継続にはさまざまな要因が絡んでおり，運動にともなうポジティブ感情の増加のみで説明しきれる問題ではない。よって，今後は一過性運動によるポジティブ感情の増加と長期的運動の実施との関係を明らかにするための研究の方法論を確立するとともに，運動にともなうポジティブ感情の運動の継続化に対する寄与を調べていく必要があるだろう。

3　快適自己ペース（CSEP）を用いた運動処方の効果の検討

　運動生理学がこれまで確立してきた運動処方は「運動の効果」を優先としているが，運動の継続化に悩まされている。そこで，ここで運動処方のパラダイム転換を図るべきであると考える。つまり，運動の継続の後に効果が現れるという視点をもつことであり，「運動の継続化」を優先させるというパラダイムの転換である。そのための1つの方法として，最大酸素摂取量を基準とする相対的運動強度から自己選択型の運動強度の採択ということが考えられる。自己選択的運動強度として好みの運動強度（preferred intensity）という運動強度が提案されているが（Dishman, Farouhar & Cureton, 1994a；Dishman, 1994b），これはあくまでも運動強度の「好み」であり，心理的なものである。その点，快適自己ペースにおける「快」は心理生理的なものであり，心理生理学的な研究の発展を包含している。よって，これまでの運動処方は主に運動生理学的な観点からの効果を求める研究であったものから，快適自己ペース（CSEP）を用いることによって運動の効果を身体的な側面はもとよりメンタルヘルスを含む心理的側面へ発展させる可能性があり，今後の運動処方の効果の研究が期待される。

文献

Armitage, C.J. & Conner, M. (2001) Efficacy of the theory of planned behaviour: A meta-analytic review. *British Journal of Social Psychology*, 40: 471-499.

Berer, B.G. & Owen, D.（1992）Preliminary analysis of a causal relationship between swimming and stress reduction: Intense exercise may negate the effects. *International Journal of Sport Psychology*, 23 (1) : 70-85.

Deci, E.L. & Ryan, R.M.（Eds.）（1985）Intrinsic motivation and self-determination in human behavior, NY: Plenum Press.

Dishman, R.K., Farouhar, R.F. & Cureton, K.J.（1994a）Responses to preferred intensities of exertion in men differing in activity levels. *Medicin and Science in Sport and Exercise*, 26: 783-790.

Dishman, R.K.（1994b）Prescribing exercise intensity for health adults using perceived exertion. *Medicin and Science in Sport and Exercise*, 26: 1087-1093.

Fishbein, M. & Ajzen, I.（Eds.）（1975）Belief, attitude, intention and behaviour: An introduction to theory and research. Reading, MA: Addison-Wesley.

橋本公雄・斎藤篤司・徳永幹雄・花村茂美・磯貝浩久（1996）快適自己ペース走に伴う運動中・回復期の感情の変化過程　九州体育学研究，10 (1) : 31-40.

橋本公雄（1998）健康スポーツの目標設定　体育の科学，48 (5) : 381-384.

橋本公雄（2000a）運動心理学研究の課題――メンタルヘルスの改善のための運動処方の確率を目指して　スポーツ心理学研究，27: 50-61.

橋本公雄（2000b）運動の継続化モデルの構築に関する研究　九州大学健康科学センター研究報告書　p.47.

橋本公雄（2010）運動継続化の螺旋モデル構築の試み　健康科学，32: 51-62.

Hausenblas, H.A., Carron, A.V. & Mack, D.E.（1997）Application of the theories of reasoned action and planned behavior to exercise behavior: A meta-analisis. *Journal of Sport & Exercise Psychology*, 19: 36-51.

文部科学省（2012）中学校学習指導要領解説（保健体育編）　p.14.

Morgan, W.P., Costill, D.L., Flynn, M.G., Raglin, J.S. & O'Connor, P.J.（1988）Mood disturbance following increased training in swimmers. *Medicine and Science in Sports and Exercise*, 20: 408-414.

村上雅彦・橋本公雄・西田順一・内田若希・村上貴聡（2004）通信を用いた介入が非監視下のウォーキング継続へ及ぼす効果――快適自己ペースおよび運動継続化の螺旋モデルの適用　九州体育・スポーツ学研究，19 (1) : 1-7.

Nowlis, D.P. & Greenberg, N.（1979）Empirical description of effects of exercise on mood. *Perceptual & Motor Skills*, 49: 1001-1002.

ターナー，C.E.（著）　日本ユネスコ国内委員会（編）（1966）学校における健康教育　第一法規出版

あとがき

　快適自己ペース（CSEP）という自己選択・自己決定型の主観的な運動強度は，運動者の立場から運動後のポジティブ感情の醸成と運動の継続化を意図して発想されたものです。本書では，この快適自己ペース（CSEP）の有効性を検証するために，運動行動の理論的背景を抑えつつ，今後の運動処方のあり方をめざして，快適自己ペースに関する科学的な実証研究の成果をまとめてみました。しかし，快適自己ペース（CSEP）に関する心理生理学的研究はまだまだ不十分であり，さらに実験室やフィールドを使って研究を行っていく必要があります。とくに，快適自己ペースの運動継続化への寄与に関する研究が不足しています。しかし，快適自己ペース（CSEP）という主観的な運動強度は誰にもわかりやすく，つかみやすいペースですし，学校現場や運動指導実践の場で十分に採用できると思っています。

　最後に，本書の刊行を快く引き受けていただきました福村出版の宮下基幸様と編集をしてくださった天野里美様に厚く感謝の意を表します。また，熊本機能病院の荒井久仁子さんと山下幸子さんには執筆作業に関し，いろいろな面でお手伝いしていただきましたことに深く感謝申し上げます。ありがとうございました。

橋本公雄・斉藤篤司

索引

あ行

RPE　17, 88, 89, 112-114, 116, 117, 122, 124, 130, 140, 145

アソシエーション　129

一貫性　26, 94, 112, 115

運動継続化の螺旋モデル　42-46, 48-51, 88, 155, 157

運動処方　4, 5, 13, 15, 17, 18, 60, 72, 89, 93-96, 98, 99, 115, 152, 153, 159, 161, 163

運動心理学　12-16, 57, 70-73, 101, 160

運動心理学研究　12, 15, 60, 73, 74, 161

運動ストレス　98, 133, 145, 147

運動の継続化　3-5, 17, 18, 44, 51, 52, 88, 92-97, 99, 152-156, 161-163

運動量　16, 37, 50, 55, 57, 89, 138, 141, 144

HRQOL　58, 59

か行

快感情　50, 64, 75-78, 106, 117, 122-132, 134, 135, 139-141, 143-146, 152-154, 162

快適　93, 107, 108, 112, 122, 126, 129, 133, 140, 157, 160

快適経験　42-46, 48-50, 88, 112, 157

快適自己ペース（CSEP）　4, 5, 15, 18, 50, 60, 88, 91-97, 99, 100, 106, 109, 111-117, 122, 124-133, 135, 138-141, 152-161, 163

快適自己ペース走　66, 93, 113, 114, 122-131, 133, 134, 139-141, 160, 161

快適自己ペース歩行　93, 155

外発的動機づけ　155

覚醒水準　73, 96, 98

価値―期待理論　31

学校体育　157, 158

換気性閾値　107, 110, 142, 143

感情研究　13-15, 17, 70, 73, 161

感情尺度　16, 19, 70, 73-78, 122, 124, 131, 134, 139, 140

感情の性差　145

気分の自己調節　145

逆J字　90, 91, 117

逆U字　90, 91, 98, 99, 106, 117

逆U字曲線仮説　98-100

QOL　54, 58, 59, 79-81, 83, 138

筋グリコーゲン量　139, 144

計画的行動理論　24-31, 33, 34, 42, 46-49, 71, 153

結果予期　31-33

健康スポーツ　12, 44, 45, 52

言語的・社会的説得　32

効果量　29, 54-56, 59

構成概念　18, 26, 29-37, 42, 47-52

行動意図　26-30, 34, 46-49, 51, 52, 71, 153, 154

行動科学　3, 162

行動的方略　36

行動の統制感　27-30, 34, 42, 46-49, 153

行動変容技法　3, 24, 32, 37, 42, 50-52, 162

行動変容ステージ　34-37
行動変容理論　42
効力予期　31-33
好みの運動強度　60, 163
コンピテンス　147
コンプライアンス　4, 159

さ行

再現性　112
自己決定理論　3, 26, 99, 100, 153
自己効力感　35, 54, 59, 138, 147, 162
自己選択強度　89, 91, 108-110, 112, 117, 143, 144
システマティックレビュー　21, 56, 57
自尊感情　12, 13, 54, 138, 147
至適運動強度　17, 89-91, 98, 99, 106, 109, 113, 115-117, 139, 154
社会的認知理論　24, 25, 30-32, 34, 42, 51
終末努力（効果）　144, 145
主観的運動強度　88, 109, 114, 145
主観的規範　26-30, 34, 42, 46-49, 153
状態不安　54, 55, 59, 71, 125, 139, 145
初頭効果　127
身体活動　3, 12-15, 21, 24, 25, 31, 33, 34, 36, 37, 47, 88-90, 96, 106, 109, 112, 152, 153
心理学的仮説　62, 63, 72, 162
ストレス　13, 16, 44, 54, 59, 63, 71, 78-81, 83, 96, 132-134, 147
ストレス反応　12, 79
生活の満足感　80, 81, 83
精神テンポ　94
生物学的仮説　61, 63, 72, 162
生理的閾値　109
生理的・情動的喚起　32

セルフエフィカシー　28, 31-35, 37
相対的運動強度　17, 18, 60, 88, 89, 91, 94, 99, 106, 127, 128, 152-154, 159, 161, 163

た行

態度　14, 17, 25-31, 42, 43, 46-49, 70, 71, 95, 108, 110, 127, 153, 154, 158, 160
代理的体験（モデリング）　32
短時間運動　129, 130
長時間運動　138, 141, 144, 145, 147
ディソシエーション　129, 133
特性不安　54, 55, 71, 98, 139
トランスセオレティカル・モデル　24-26, 31, 33-37, 42

な行

内発的動機づけ　3, 43, 44, 52, 99, 153
乳酸性閾値　107, 143
認知的方略　36, 37
ネガティブ感情　15, 16, 54, 60, 70, 72, 73, 125, 126, 162
脳の覚醒水準　98, 100

は行

不安　4, 13-16, 54-57, 59-64, 70-74, 78, 82, 90, 97, 127, 132, 135, 139, 144, 147, 152, 162
不安感　77, 78, 123-126, 128-131, 138-140, 143-146, 162
不安感情　15, 62, 71
Feeling Scale　74, 109, 140, 141
フロー理論　96, 97, 99
ヘルスプロモーション　153
ポジティブ感情　4, 5, 15-18, 54, 57, 59,

60, 70, 72, 73, 88, 112, 115, 117, 122, 123, 125-129, 131-133, 135, 152-155, 160-163
ポジティブ心理学　5, 16, 17, 57, 67, 70

ま行

マラソン　138, 141-147
満足感　16, 43, 44, 48, 54, 58, 64, 76, 77, 122, 123, 131, 132, 139, 161
無酸素性運動　54, 56, 72
メタ分析　15, 29, 54-57, 59, 89, 139
メンタルヘルス　12-14, 59, 64, 66, 70, 73, 78-81, 83, 95-97, 138, 162, 163
メンタルヘルスパターン　70, 78, 79, 81-83
モノアミン仮説　61, 72

や行

有酸素性運動　4, 54, 56-59, 72, 95, 115, 158
ユーストレス　79, 81
抑うつ　4, 13-17, 54, 56-61, 64, 70-73, 90, 127, 138, 144, 162
抑制解除仮説　135
予測因　28-30, 40, 46, 48, 71, 153, 154

ら行

量反応関係　55, 90, 106, 116, 117
リラックス感　64, 76-78, 122-125, 129-135, 139-141, 143-146, 152, 153, 160, 162

著者紹介

橋本　公雄（はしもと・きみお）

　1948年，熊本県に生まれる。熊本大学教育学部保健体育科卒業。元九州大学健康科学センター教授，現在，熊本学園大学社会福祉学部教授。博士（学術）（奈良女子大学）。専門は運動・スポーツ心理学。

　著書『教養としてのスポーツ心理学』『健康スポーツの心理学』『最新スポーツ心理学——その軌跡と展望』（分担執筆，大修館書店），『未来を拓く大学体育——授業研究の理論と方法』（共著，福村出版）他。訳書『身体活動の健康心理学——決定因・安寧・介入』（監訳，大修館書店）。

斉藤　篤司（さいとう・あつし）

　1960年，山形県に生まれる。筑波大学大学院修士課程体育研究科修了。九州大学大学院人間環境学研究院准教授。修士（体育学）。専門は運動生理学。

　著書『図説・運動生化学入門——生理・生化学から運動処方まで』（医歯薬出版），『高血圧の健康処方——運動・栄養・生活を考える』（九州大学出版会），『ヘルス＆フィットネス』『現代人のエクササイズとからだ』（ナカニシヤ出版）において運動処方を担当。『健康になる九州の山歩き』（西日本新聞社）では快適で安全な登山を奨励。

運動継続の心理学──快適自己ペースとポジティブ感情
熊本学園大学付属社会福祉研究所　社会福祉叢書25

2015年3月31日　初版第1刷発行

著　者　　橋本 公雄・斉藤 篤司
発行者　　石井 昭男
発行所　　福村出版株式会社

〒113-0034　東京都文京区湯島 2-14-11
電話　03-5812-9702　FAX　03-5812-9705
http://www.fukumura.co.jp

印刷　モリモト印刷株式会社
製本　協栄製本株式会社

© K. Hashimoto, A. Saito　2015
Printed in Japan
ISBN978-4-571-25044-6
乱丁本・落丁本はお取替え致します。
定価はカバーに表示してあります。

福村出版◆好評図書

橋本公雄・根上 優・飯干 明 編著
未来を拓く大学体育
●授業研究の理論と方法

◎4,000円　ISBN978-4-571-10160-1　C3037

心身の健康問題に対処しうる大学体育授業を目指し,従来の理論をベースに新たな研究モデルを提示する。

杉原 隆 編著
生涯スポーツの心理学
●生涯発達の視点からみたスポーツの世界

◎2,800円　ISBN978-4-571-25039-2　C3075

生涯発達の視点からスポーツ心理学を再考する。生涯スポーツの指導にかかわる全ての人たちの必読書。

杉原 隆・船越正康・工藤孝幾・中込四郎 編著
スポーツ心理学の世界

◎2,600円　ISBN978-4-571-25033-0　C3075

練習効果を高めたり,試合で実力を発揮するためのポイントと具体策を心理学的見地から解説する。

藤田主一・山﨑晴美 編著
新 医療と看護のための心理学

◎2,600円　ISBN978-4-571-20074-8　C3011

医療や看護を学ぶ学生,医療現場に携わっている人々のための,医療実践に役立つ心理学基本テキスト改訂版。

K.ホランド・C.ホグ 著／日本赤十字九州国際看護大学 国際看護研究会 監訳
多文化社会の看護と保健医療
●グローバル化する看護・保健のための人材育成

◎3,200円　ISBN978-4-571-50011-4　C3047

看護・医療は多文化状況にいかに対応すべきか。英国で現場の視点から作られた文化ケアのための包括的教材。

古畑 公・木村康一・岡村博貴・望月理恵子 著
知れば変わる自分のカラダ
健康レベルを上げる「身体学」入門

◎2,400円　ISBN978-4-571-50010-7　C0075

自分の健康レベルを上げ,QOLを高めるための192のヒントを豊富なイラストでわかりやすく紹介した健康入門書。

杉浦克己 著
スポーツ選手もココから学ぶ
ダイエットフィットネスの基礎知識

◎1,500円　ISBN978-4-571-50008-4　C0075

トップアスリートの栄養指導も行う著者が,真に健康な身体をつくるためのダイエット法をわかりやすく解説。

◎価格は本体価格です。